Antonio J. F. de Andrade
Médico Sanitarista - Homeopatia

UM NOVO OLHAR

Um guia Prático para o Autoconhecimento, a Segurança e a Liberdade Pessoal

Santa Catarina
2ª Edição – 2019

Capa e diagramação: do Autor
Foto da Capa: Lagoa de Genipabu – Rio Grande do Norte
Revisão: Dra. Heloísa Pereira Hubbe de Miranda
Impressão:

ISBN: 978-85-7893-265-7

ANDRADE, ANTONIO J. F. DE

Um Novo Olhar
Um guia Prático para o Autoconhecimento, a Segurança e a
Liberdade Pessoal

150 páginas   2019

1. Autoajuda   2. Autoconhecimento
3. Saúde

2ª Edição
Novembro 2019

AGRADECIMENTOS

À minha irmã Marina Andrade, por sua colaboração ativa revisando o texto e agregando sugestões no decorrer da elaboração deste livro, e também a Camila Ventura.

Para meus amores

Daniele

Janini, Francini, Yasmini, Tiffany e Thor.

Vitor, Julia, Letícia, Noah e Valentim.

Qualquer pessoa ou situação só tem sobre você o poder que você concede a ela.

Antonio Andrade

SUMÁRIO

11

Introdução

A proposta ou o propósito deste livro é instrumentar. Dar instrumentos para que você, leitor, possa se trabalhar naquelas situações ou questões que você identifica como dificuldades neste momento em sua vida.

Está sendo concebido de uma maneira simples, com o objetivo de ser prático e funcional para ajudar as pessoas no seu dia-a-dia a se reconhecerem nas suas ações e relações, nas situações que vivenciam. Não está orientado em uma metodologia científica nem baseado em uma pesquisa bibliográfica. Não tem a pretensão de defender nenhuma verdade filosófica ou religiosa, ou sequer aferrar-se que aqui está uma verdade, mas convidar você para fazermos juntos uma reflexão sobre um outro jeito de olhar e viver o nosso dia-a-dia.

Tenho a compreensão de que na prática a vida é simples no seu cotidiano, podendo se tornar complexa à medida que vamos ampliando as relações e o nosso horizonte de abrangência. Complexa a partir da lógica de que tudo tem a ver com tudo e de que tudo está inter-relacionado. De que somos uma unidade no todo e podemos, a partir de nosso ponto de referência, ampliar estas relações ao infinito. Mas complexa não quer dizer complicada. Chove, faz calor, faz frio, pessoas vêm, pessoas vão em nossas vidas, pessoas queridas morrem, enfim, fatos acontecem e são como são, naturais, mas podemos criar uma complicação quando não compreendemos, quando não aceitamos as coisas como são ou como estão.

Então, com esta ideia, a proposta é apresentar um livro conciso, direto e pouco extenso.

Escrevo a partir da minha experiência ao longo destes 28 anos de prática médica, atendendo no cotidiano as pessoas, quando mais do que medicar busquei oferecer-lhes uma outra maneira de olhar e de lidar com o mundo em que vivem; Escrevo também a partir da minha experiência pessoal, da minha maneira de ver e viver a vida.

Parto da lógica do ser humano como um ser de relações, que está num primeiro momento numa relação consigo mesmo e a partir daí com um meio, com as pessoas e com aquilo que o cerca, com o mundo, com o universo.

Apresento a compreensão que tenho para o sentido da nossa vida, o que estamos fazendo aqui, o propósito desta nossa experiência humana. E com isto uma visão de mundo ou de como entendemos o modelo de mundo em que estamos inseridos.

Quero chamar a atenção para o fato de que algumas ideias são propositadamente apresentadas de forma repetida em diferentes temas tratados, quer porque se enquadram bem naquele contexto, quer para facilitar a leitura independente de cada capítulo, mas principalmente porque a repetição é uma técnica de fixação que enfatizamos e usamos em nossa abordagem. Há autores que a usam de maneira subliminar, mas eu prefiro ressaltar este uso para esclarecer este mecanismo e reforçar a importância da técnica.

Uma maneira de ver o processo Saúde & Doença

A forma como você estabelece a relação com você mesmo e a partir daí com o outro e com o mundo pode colocá-lo numa condição de harmonia e de equilíbrio, de estar de bem com você e de bem com a vida, ou gerar um desequilíbrio, uma desarmonia que pode se manifestar de muitas maneiras, tais como:

– *Ansiedade* – aquela sensação às vezes indefinida, de urgência, de necessidade de fazer alguma coisa que você não sabe exatamente o que é; aquele desconforto que não lhe permite estar bem, sentir-se em paz;

– *Estresse* – aquela mobilização de energia que até um determinado nível é necessária e importante porque o tira da inércia e o estimula para a ação, mas que a partir de um determinado ponto passa a ser danosa porque não permite mais relaxar e soltar-se;

– *Tensão* – neste estado a musculatura está contraída, a frequência respiratória aumentada com a respiração curta e você está preparado para se defender: pronto para lutar ou fugir. É aquela situação em que você acorda pela manhã mais cansado do que quando foi dormir, porque na prática sua musculatura de fato trabalhou a noite toda. Normalmente a musculatura dos ombros está dolorida (é aquela musculatura de carregar o mundo nas costas). Os mecanismos de defesa estão acionados. E por que o estado de defesa? Porque por trás disto há uma insegurança;

– *Insegurança* – na prática toda insegurança é o reflexo de um medo;

– *Medo* – a incerteza de dar conta das situações que está vivenciando, o medo de não fazer a coisa certa, o medo de não atender a expectativa que lhe é colocada ou a expectativa que você mesmo cria de como deveria agir, do que deveria fazer;

– *Pânico* – que é o limite dos medos. A síndrome do pânico nos últimos anos passou a fazer parte da rotina dos consultórios dos médicos e/ou dos psicólogos. É um medo extremo e na maioria das vezes indefinido, a sensação (ou certeza) de morte iminente com uma reação física intensa: taquicardia, sudorese, tremor, frio ou calafrio. O mais frequente é que a pessoa apresenta uma crise e depois, na prática, fica é com o medo de ficar com medo, ou seja, o medo de uma nova crise que pode ocorrer em qualquer lugar acaba limitando a pessoa que não consegue mais sair de casa sozinha;

– *Depressão* – encaminhando-se para o lado oposto da síndrome do pânico pode se estabelecer a depressão. E depressão não é doença, por isto não há medicamentos que consiga curá-la. Há aquelas substâncias que atuam sobre os neurotransmissores atenuando ou até anulando os sintomas, mas que não promovem uma cura efetiva. E, por uma razão básica, porque efetivamente depressão não é uma doença. É um estado de espírito, uma atitude mental na relação da pessoa com a vida e com o mundo. Cabe aqui fazer uma analogia:

Na lógica mecanicista do sistema médico, o método de investigação implica buscar num grupo de pessoas que apresentam um determinado sintoma ou agravo características que sejam comuns, e neste caso de pessoas que se encontravam em estado depressivo a característica comum encontrada foi uma alteração (diminuição) de alguns neurotransmissores, particularmente a serotonina. Então, dedução lógica: produza-se um medicamento que compense esta alteração e o problema está solucionado. Estão aí as fluoxetinas da vida.

Vamos agora imaginar que você está bem sentado e acomodado e de repente um movimento ou um ruído provoca em você um grande susto. Você salta para o meio da sala com todos os seus mecanismos de defesa acionados: o coração acelerado, a respiração curta e acelerada, a musculatura contraída e pronta para defesa: lutar ou fugir. Neste momento se for pesquisado o sangue com certeza se vai encontrar a adrenalina e outros neurotransmissores em altas dosagens. Aí cabe a pergunta: são estas substâncias que estão provocando a reação de susto ou foi a maneira como você interpretou o estímulo recebido, que ao ser percebido como uma situação de risco, perigo ou ameaça acionou todo o seu sistema de defesas. E você reage por inteiro: mental, emocional e naturalmente fisicamente. É lógico que o seu organismo responde se preparando para a atitude sentida como necessária.

Voltemos então para o caso da depressão: são as alterações dos neurotransmissores que provocam a depressão ou é a atitude mental da pessoa diante da vida que provoca a alteração dos neurotransmissores? Se ela vê a vida como algo sem graça, sem sentido, ou mesmo como algo ruim, negativo e que lhe traz sofrimento, por que o organismo vai produzir energia para interagir com este mundo? Quer mesmo é sumir, passar o dia dormindo, não ver ninguém e pode mesmo ter o desejo de morte, que seria a solução para todos os seus problemas, apesar de na maioria das vezes ter medo da morte.

Retomando então as formas sob as quais se manifesta a desarmonia, podemos ainda sentir: *angústia, raiva, mágoa, ressentimento* e mais uma variedade de reações. Este desequilíbrio vai desorganizar os sistemas de circulação de energias em nosso corpo, o que pode ser detectado de várias maneiras: os pontos dos meridianos da Acupuntura/Do-In que se tornam mais sensíveis; a tomada dos pulsos nos diagnósticos da Acupuntura que detectam os desequilíbrios da energia dos meridianos; os pontos reflexológicos que ao serem manipulados vão se apresentar doloridos; alterações na íris que mostram comprometimentos que ainda não se manifestaram fisicamente. E vai chegar, naturalmente, o momento em que esta desarmonia no nível energético vai se manifestar no corpo físico sob a forma de sintomas ou de enfermidade.

Quando a pessoa apresenta alguma ou algumas destas formas de reação como poderá mudar este quadro? *Aqui está a proposta básica deste livro*: podemos mudar este quadro mudando a nossa forma de estabelecer nossa relação, primeiro conosco mesmo depois com as demais pessoas e com o mundo. E isto podemos fazer através do autoconhecimento. A compreensão de como construímos a nossa realidade que é a nossa maneira de perceber o mundo e de nos percebermos no mundo. O conhecimento dos mecanismos de funcionamento da nossa mente, das programações, dos sistemas de crenças, valores e atitudes que trazemos e incorporamos em nosso contexto cultural. Como é o modelo das relações pessoais, familiares, sociais e de trabalho estabelecidas na sociedade em que estamos vivendo.

Podemos, dessa forma, tomar a enfermidade como alarma, um aviso de que algo não está bem e que necessitamos mudar nossa atitude, comportamento, maneira de nos alimentar ou mesmo de lidar com uma determinada situação. Nesse sentido a doença é nossa aliada e não um mal que está nos acometendo. Se prestarmos a atenção devida e buscarmos entender o que está passando neste momento poderemos aprender com a situação ao invés de gerarmos um sofrimento ou como acontece na grande maioria das vezes nos colocarmos como vítima. Eu faço uma analogia nestes casos de doença: se você instala um sistema de alarma contra incêndio em sua casa, no momento em que este sistema detecta uma fumaça automaticamente dispara uma buzina. Se você vai lá e corta o fio desta buzina logicamente vai silenciar o barulho, mas a casa segue pegando fogo. Neste sentido, o que faz o nosso sistema médico senão fazer cessar o alarma? Apresentamos uma enfermidade, vamos a um médico, nos entupimos de medicamentos e com isso anulamos os sintomas e seguimos fazendo as mesmas coisas, agindo da mesma maneira, ou seja, nunca vamos à causa fundamental do problema.

Entendo que uma questão primordial para o ser humano é a sua ignorância, no sentido mesmo de ignorar, de não reconhecer que há uma ordem no universo e um sentido para a sua vida. Esta desorientação o leva a estabelecer uma relação desordenada, turbulenta consigo mesmo e com o mundo e assim aos atritos e ao sofrimento.

Convido você, leitor, a uma reflexão, a olhar o mundo de um outro ponto de vista para encontrar uma maneira boa de reencantar sua vida, de navegar ao vento e fazer a linda viagem que você merece.

Uma Concepção de mundo

Ao longo de sua evolução o ser humano já percebeu o mundo de muitas maneiras. Cada cultura, cada povo, cada tradição já teve e tem a sua compreensão de universo e para a grande maioria da humanidade, naquele momento histórico, aquela era a realidade, o pensamento dominante e a verdade *"científica"*. A Terra já foi plana, já foi o centro do universo e o mundo todo girava ao seu redor. Com o desenvolvimento tecnológico e a invenção de instrumentos cada vez mais sofisticados, o ser humano foi ampliando o alcance dos seus sentidos e conseguindo *"ver"* cada vez mais longe. O telescópio que começou como um pequeno tubo provido de lentes atinge em nossos tempos sofisticados equipamentos colocados em órbita terrestre alcançando distâncias inconcebíveis para nós, não iniciados na astronomia. Nem com a mais rica imaginação conseguimos conceber tais dimensões. Pense nisto: ano-luz... A distância que a luz percorre em um ano a 300.000 km/s você tem ideia do que é isto?

Em um dado momento da história, por volta do século XVII, começa a se estruturar um novo modelo em que a ciência é separada da religião. Acredito que Descartes ao propor a separação da *res extensa (a matéria)* da *res cogitans (o espírito)* teve consciência do alcance estratégico que representava sua proposta e das possibilidades que representava para a evolução da ciência, à medida que separando corpo e alma, o material do espiritual, reservava para a Igreja Católica o domínio da alma e abria o campo do material para o desenvolvimento da investigação científica sem atrelamento aos dogmas religiosos que eram extremamente restritivos. É importante considerar naquele contexto histórico o poder da igreja na sociedade.

O modelo cartesiano/newtoniano da física clássica dá conta de explicar uma vasta gama de fenômenos da natureza, mas somente até um determinado limite, onde alcança o mundo da matéria macro. No mundo das partículas subatômicas, por exemplo, os paradoxos encontrados já escapam do seu modelo explicativo. O modelo chamado *Realismo Materialista* concebe um mundo material, objetivo, independente e separado do observador, fundamentalmente determinista e causal.

O outro modelo de explicação de mundo é a concepção do *Idealismo Monista*, que diz que *tudo é mente*, onde a base é a consciência e não a matéria. Tudo é criado pela consciência. Aqui a física quântica incorpora na ciência a *transcendência* com os princípios da *não-localidade* como característica essencial da consciência, da *incerteza* com o conceito de que tudo existe em *Potentia,* e como probabilidade; de que nada existe fora da consciência, portanto não existe objeto sem observador. Abordagens muita ricas e esclarecedoras destes temas podemos encontrar no *Caibalion*, livro escrito pelo filósofo, físico, químico, Vizir Imhotep (ou Hermes Trimegistos, como os gregos o denominavam), no século XXVII a.C., que trata de forma empírica das Leis que regem a Natureza e suas aplicações na vida dos seres humanos, em *A Grande Síntese*, de Pietro Ubaldi, *O Ponto de Mutação* e *O Tao da Física,* de Fritjof Capra, que busca uma aproximação da física quântica com as tradições filosóficas orientais. Por outro lado Amit Goswami, um físico indiano radicado em Oregon, EUA apresenta esta visão de uma forma brilhante em seu livro *O Universo Autoconsciente,* no qual constrói uma ponte entre ciência e tradições filosóficas.

O nosso modo de pensar é excludente, se um está certo o outro tem que estar errado e não se trata disto, cada uma tem a sua lógica, seu valor e utilidade. São abordagens que se aplicam em domínios diferentes.

Deixando de lado a questão de outras dimensões, podemos considerar que há quatro domínios já conhecidos:

– *Infinitamente Grande* – que trata das galáxias, das nebulosas, dos buracos negros, dos anos-luz, na dimensão astronômica;

- *Infinitamente Pequeno* – é o mundo das partículas, dos léptons e quarks, prótons e nêutrons, o mundo da física quântica;

– *Domínio Sensorial* – a atuação dos cinco sentidos no mundo tridimensional da matéria;

– *Domínio da Consciência* – dos sentimentos, das emoções, da abstração, dos conceitos.

Posso lhe perguntar:

– Com quantos quilos de emoção você fica ao contemplar um pôr do sol?

– Quanto pesa a cor verde?

– Quantos metros mede a sua dor ao amassar o dedinho na porta do carro?

E não há resposta para estas questões porque são categorias que não se aplicam, uma vez que estão em domínios diferentes.

Aqui foi onde a psicologia se meteu em uma camisa de onze varas quando quis ganhar o *status* de ciência tendo para tanto que se adequar ao paradigma cartesiano. Foi para os laboratórios usando as ferramentas para pesar, medir, contar e, apesar de ainda não ter dado conta de encontrar respostas bem adequadas, aceitou o jogo: se o sapato é muito pequeno, bem se dá um jeito... Corta-se o dedão.

Ao invés de buscar construir o seu referencial teórico em um outro domínio se submeteu ao reducionismo do modelo científico dominante.

A ciência que tanto sofreu com o fundamentalismo da religião assumiu o mesmo papel: de execrar tudo aquilo que não se encaixa no seu molde: se não é *científico*, não é aceito. O mais sensato seria aceitar sua própria limitação. Os conceitos da física quântica que são do início do século passado, agora é que começam a ser incorporados como modelo explicativo do nosso mundo, e muito lentamente.

Assim é o processo de transição de um paradigma a outro: um embate de forças. A vitalidade do novo buscando o seu espaço e a resistência conservadora tentando manter seus domínios que se traduz pela dificuldade de assimilação do novo, de novos conceitos, devido a falsa segurança do velho conhecido.

Demora um tempo para que possamos ir assimilando uma nova maneira de pensar e mesmo assim há coisas que simplesmente não é possível. Por exemplo: os conceitos de infinito e eternidade não podem ser compreendidos pela mente humana, com seu raciocínio dedutivo, indutivo ou silogístico, que é linear, analítico, necessita fragmentar para entender. Está escrito no dicionário que *infinito* é o que não tem fim; espaço sem limites, da mesma forma que *eternidade* é a duração contínua, simultânea, imóvel, infinita, condensada e indivisível do tempo. Lemos estas definições, entendemos o que está escrito, mas conceber intelectualmente, imaginar isto, é impossível. Somente o pensamento intuitivo, de síntese, não local, pode alcançar esta percepção. É quando conseguimos ver com os olhos da alma.

Para o *monismo* a realidade única e final é a Consciência, Deus, a Unidade, ou o Todo, onde tudo simplesmente é. O Universo é o uno e é o verso. No **uno** é o *absoluto,* no **verso** o *relativo* e se manifesta como dualidade quando se polariza no positivo e negativo ou yin e yang, passando de *espírito* à *energia* e se condensando até formar a *matéria.*

Estes são os três aspectos ou modos de ser do universo: o espírito, a energia e a matéria que se manifestam ao mesmo tempo num ciclo eterno de mutações, no pulsar e na respiração rítmica de Deus. Este pulsar caracteriza um princípio universal básico que rege todos os fenômenos da natureza, a dualidade ou polaridade: a inspiração e a expiração, contração e relaxamento ou sístole e diástole.

Desta forma o *big bang* de que nos fala a ciência, foi o início de um novo ciclo, em que o universo depois de alcançar o máximo de seu aspecto *yang*, na força centrípeta de contração começa a se expandir, ao assumir seu aspecto *yin* na força centrífuga, que continua atuando para cumprir o ciclo eterno das mutações.

No aspecto energia do universo, tudo é movimento, é vibração, é o eterno vir a ser, o transformismo fenomênico. Este movimento tem um sentido e uma direção, que é a *evolução*. A polaridade é chamada de *positiva* ou *yang* quando tem um número par de ciclos por segundo e de *negativa* ou *yin* quando o número de ciclos é impar.

As polaridades iguais se repelem e as polaridades diferentes se atraem. Positivo repele positivo e atrai negativo. Uma polaridade se desenvolve até o seu máximo e se transforma na outra. O coração se contrai até o seu máximo, depois relaxa até o seu máximo e volta a contrair. O dia atinge o seu máximo de luminosidade às 12 horas e muda de polaridade yang para yin que se desenvolve até o seu máximo às 24 horas e muda novamente para yang. Assim, tudo na natureza funciona em ciclos: as marés, as estações do ano, as fases da lua, a produção hormonal na mulher. Cada ciclo ao mesmo tempo em que é uma unidade é parte de um ciclo maior. Por exemplo, em relação ao tempo, temos que um ciclo de um *segundo* é uma unidade e concomitantemente é parte de um *minuto, e* assim os ciclos se ampliam sucessivamente para *hora, dia, semana, mês, ano, década, século, milênio e assim ao infinito ou à eternidade.*

Quando falamos da matéria vemos repetido este mesmo princípio em que cada unidade ou individualidade é formada por unidades menores ao mesmo tempo em que forma unidades maiores: quando a energia por condensação ou concentração, no seu sentido centrípeto, passa da condição de onda para partícula (ora onda, ora partícula ou onda e partícula) e forma a primeira unidade da matéria, esta *partícula* é uma unidade, uma individualidade e vai fazer parte de uma *molécula* e se seguimos o caminho de um ser humano, vai formar sucessivamente, a *célula, tecido, órgão, sistema* (cardíaco, digestivo, nervoso), *individuo, família, bairro, cidade, estado, país, continente, planeta, sistema planetário e ao infinito.*

O ser humano, nesta compreensão holística é uma unidade, uma individualidade e ao mesmo tempo parte do todo. De acordo com as leis básicas da natureza, ele é ao mesmo tempo unidade, dualidade e trindade, como os três aspectos do universo: *matéria, energia* e *espírito* é *corpo, mente* e *alma ou estático* (forma material), *dinâmico (*movimento, evolução*)* e *monismo* (a unidade).

A evolução acontece no ritmo da pulsação do contrair e relaxar, inspirar e expirar, no avançar e retroceder, voltando sempre um ponto acima, um degrau mais alto no movimento da espiral que se dilata e se contrai.

Somos espírito e estamos humanos. Integrados na unidade maior somos regidos pelas leis da natureza e estamos aqui seguindo o mesmo princípio: da *EVOLUÇÃO*. Como *espírito*, necessitamos, para atuar neste mundo da terceira dimensão, de um corpo físico que vai ser a nossa morada temporária para cumprir a missão que escolhemos ou que nos foi atribuída de acordo com o grau de desenvolvimento que já alcançamos em nossa jornada de aprendizagem e de crescimento.

A compreensão de que como espíritos, somos eternos, de que nascimento e morte fazem parte do ciclo da vida e são passagens de um estado a outro quando assumimos e quando deixamos este corpo físico, pode atenuar sobremaneira um medo básico do ser humano: o medo de morrer. É o ciclo que cumpre toda a natureza e que vamos cumprir muitas e muitas vezes e o ideal é buscarmos fazê-lo da melhor maneira, em harmonia.

A ideia do "vale de lágrimas", de que estamos aqui na Terra para sofrer e expiar culpas é uma maneira distorcida de ver as coisas e até mal intencionada como vamos ver mais adiante quando analisarmos como se dão as relações de poder.

Entendo que a vida é para ser vivida e não para ser sofrida. É para ser desfrutada. O ser humano precisa recuperar o encantamento pelo mundo, dar-se conta do sagrado e do divino na natureza, da magia do novo a cada momento, da beleza de tudo que o rodeia, no riso da criança, no beijo apaixonado, a fascinação de olhar o rio que corre, o voo do beija-flor, o movimento das nuvens.

Vamos aprender sim, é a nossa missão, evoluir sempre. Podemos fazê-lo a partir da lógica da competição, da disputa, da dominação, da luta, destruindo o outro e a natureza ou podemos escolher agir com amor, com o coração, na lógica da cooperação, compreensão e aceitação, de considerar o outro ser humano como irmão ou irmã, seu companheiro ou companheira de jornada e com respeito a toda a natureza da qual você é parte e está intimamente conectado.

A Construção da Realidade

Para você, o que é a realidade? Pare a leitura por alguns instantes. Reflita um pouco sobre este tema.

Pode ser aquilo que está aí, pode ser aquilo que você vive no seu dia-a-dia, pode ser a verdade que todos estão vendo.

Imagine agora que você está sentado/sentada aqui na minha frente, diante da minha mesa, e que eu coloco sobre a mesa um relógio. Isto é uma coisa, um objeto. Mas poderia ser um fato, uma situação ou um evento. Qual é a percepção que você tem deste objeto? Onde está a diferença entre o olhar e o ver? Vejamos alguns pontos que podemos considerar:

1º. - *O Ângulo de Visão* - você está olhando de um ângulo e eu estou olhando de outro, logo você está vendo uma coisa e eu estou vendo outra e, portanto, estamos construindo uma realidade diferente a respeito do mesmo objeto.

2º. – *O Foco da Atenção* - bem, se o problema era que estávamos olhando de ângulos diferentes eu posso agora virar este lado do relógio que você estava olhando para o meu lado e agora estou olhando para este objeto do mesmo ângulo que você estava. Aí eu lhe pergunto:

- O que está escrito nesta parte inferior do mostrador do relógio?

É muito pouco provável que você tenha prestado atenção neste detalhe, e não vai saber o que está escrito. Portanto, podemos estar olhando para a mesma coisa, do mesmo ângulo, e, focalizando a atenção em pontos diferentes, vamos construir uma realidade diferente.

Neste ponto vamos fazer um exercício que é muito interessante. Coloque de lado o livro, tome uma folha de papel em branco e um lápis ou uma caneta, e você vai desenhar agora o mostrador do seu relógio. Não vale colar. Não olhe para o seu relógio. Deixe-o de lado, e procure desenhar o mostrador com todos os detalhes: ele é bem redondo? É oval? É quadrado? É um retângulo? Até aqui é relativamente fácil. Agora, quantos botões ele tem? E em que posições? O marcador das horas é em números arábicos? É em números romanos? É só um traço? Os números aparecem somente na marcação de três, seis, nove e doze? O que está escrito na parte superior do mostrador? O que está escrito na parte inferior do mostrador? Que mais detalhes do seu relógio você consegue desenhar? Se o seu relógio é digital, procure colocar todos os detalhes que lembrar.

Se você não usa relógio pode recorrer a um objeto que seja do seu uso diário, por exemplo, o molho de chaves, e então procure desenhar o modelo ou características de cada chave. Pode ainda recorrer a algum objeto que você costuma manusear.

Você vai observar como este desenho sai incompleto, como você não consegue colocar adequadamente os detalhes. E por que isto? Porque no exemplo do relógio você olha para a posição dos ponteiros ou para os números digitais do mostrador. O seu interesse é saber que horas são e não está interessado nos detalhes do mostrador, logo, a sua atenção é direcionada para o foco do seu interesse e este é o registro que vai fazer, esta a informação que vai armazenar.

3º. – *A atitude mental* - Este é um ponto fundamental na nossa relação com a vida. A atitude mental caracteriza o nosso modo de ver a vida e de ver o mundo, é o nosso óculos particular de ver o mundo. Agora, neste momento, se você assumir uma atitude mental positiva, receptiva, você pode estar imaginando que raciocínio eu estou fazendo, aonde eu quero chegar com esta estória, mas está acompanhando atentamente as minhas palavras, e você vai construir uma realidade deste momento, deste objeto que você está observando de uma maneira totalmente diferente do que se você assumir uma atitude mental negativa, de resistência ou de desinteresse.

Mais ainda, você pode estar olhando para o mesmo objeto, do mesmo ângulo, focalizando a atenção no mesmo ponto e com a mesma atitude mental, se apagarmos a luz, acendermos a luz, alterarmos a posição das cortinas, se você colocar óculos escuros, de cor cinza, e cor azul, de cor verde ou óculos de grau, em cada situação, você vai estar alterando a realidade deste mesmo objeto concreto que se encontra à sua frente. Portanto existem infinitas possibilidades para você construir a sua realidade. E considere algo muito importante: estamos tratando de um objeto concreto. Agora, imagine quando estamos falando de um fato, de uma situação ou de um evento quando então estaremos recorrendo à memória ou à imaginação.

O que acontece quando recebemos um estímulo ou uma informação? Nós acionamos o nosso *banco de memória*. E este banco de memória cada um de nós o construiu a partir das nossas vivências, das nossas experiências.

Mas, esta história de cada um olhar de um ângulo dá muita confusão. Vamos descartar esta variável neste momento e vamos escrever agora três palavras:

Música   ***Casa***   ***Livro***

Bem, suponhamos agora que todas as pessoas, 1.000 pessoas, por exemplo, que estejam olhando para estas palavras estão vendo a mesma coisa. E aí já podemos começar a questionar: será que todos têm a mesma capacidade visual? Há alguém com miopia, astigmatismo ou um outro problema visual e que usa óculos ou lentes e que neste momento não os esteja usando e que, portanto, não está conseguindo enxergar adequadamente? Ou ainda, se dentre estas 1.000 pessoas houver alguém que seja analfabeto, estas letras serão somente rabiscos sem nenhum significado. Pode ser ainda alguém muito instruído, um doutor ou mesmo com pós-doutorado, mas um chinês, japonês, russo ou árabe, não familiarizado com esta escrita ou com esta língua. Também para estas pessoas aquelas palavras não terão nenhum significado.

Vamos combinar agora, que cada um que esteja olhando para estas palavras esteja efetivamente lendo e entendendo o que está escrito. Ainda assim, você está lendo *CASA* e está pensando na sua casa, eu estou lendo casa e estou pensando na minha casa. Mas pense agora em todos os seus familiares, em todas as pessoas que moram ou frequentam a sua casa e, portanto estariam evocando a mesma casa. Você acha que alguém vê aquela casa da mesma maneira que você a vê? Não, com certeza não.

E aonde eu quero chegar com esta estória?

À conclusão de que da mesma maneira que *cada um de nós é único neste universo, este universo,* tudo o que está aí, e *cada coisa que existe* também *é única na mente de cada um de nós.* O que significa que, ninguém vê o mundo do jeito que você o vê.

Aqui está o fundamento para a compreensão do que nos dizem as tradições e as filosofias de que somos os criadores ou co-criadores do universo. Tudo é *maia.* Tudo é *ilusão* Ou aquilo que nos diz a moderna física quântica: tudo parte do observador. Nada existe fora de você, nada existe enquanto não é observado e interpretado pelo observador. É o colapso da onda da física quântica. E o universo que você cria é a partir das suas referências, das suas crenças, das suas programações, da sua concepção de mundo, da sua compreensão de mundo, da sua atitude mental. Maturana diz que: *o ato de perceber constitui o percebido.* É então, claramente o seu mundo, o seu universo e obviamente é único.

E aí a coisa se complica, porque se ninguém vê o mundo como você vê, com quem você vai se entender? Com quem você vai ter afinidades? Na prática, você só vai poder se entender com algumas pessoas sobre alguns assuntos e, somente aquilo que vocês conseguirem ver de uma maneira mais ou menos semelhante. Assim, por aproximação, vão poder chegar a um entendimento, a um consenso. Isto é o senso comum: o que um determinado grupo social vê mais ou menos da mesma maneira.

Se você imaginar agora a pessoa com quem você tenha mais tempo de convivência ao longo da sua vida, você vai poder ver que com esta pessoa você pode falar sobre uma quantidade considerável de assuntos e vocês vão se entender, mas há uma montanha de outros assuntos que, se tocar neste tema, vai haver discussão com certeza, por divergência de opiniões e cada um vai estar absolutamente convicto das suas verdades.

Vamos brincar agora com uma das coisas mais elementares: a cor. Olhe o seu redor, quantas coisas você pode ver de cor branca ou azul ou verde ou vermelha ou preta. Agora observe cada cor, o branco, quantas tonalidades de branco você pode perceber ou quantas tonalidades do azul ou do vermelho. Você estará falando do vermelho, mas não é o mesmo vermelho. Mas tudo bem, ainda assim dá para se entender, é branco, azul, vermelho. Mas se você estiver conversando com uma pessoa que é daltônica então já não há mais possibilidade de entendimento. Ela não enxerga as cores da forma como você as vê.

Se você for examinar os estudos de Humberto Maturana sobre a percepção das cores, a biologia do conhecimento, a ontologia da realidade há muito para desvendar a respeito deste tema. Mas, retornemos para o nosso corriqueiro dia-a-dia.

É neste ponto que eu quero chegar: REALIDADE para cada um de nós é aquilo que a gente vê, da forma como percebe, registra e armazena aquela informação e, mais ainda, isto é que é a *verdade*, e cada pessoa vai estabelecer as suas *relações* a partir de suas verdades.

Gosto muito de contar uma estória que adaptei de um texto lido em alguma época da minha vida, e que não sei mais de que autor, mas que fala o seguinte:

Uma pessoa viajando em um trem, sentado defronte a uma mesinha, toma uma caixa de fósforos e começa a brincar com ela. De repente ele pega esta caixinha e a deixa cair sobre a mesa de uma altura de 50 centímetros e o que ele observa na prática: a caixinha percorreu uma trajetória de 50 centímetros em linha reta. Ele repete o experimento e confirma: uma linha reta de 50 centímetros. Ele conclui que está diante de uma verdade e mais ainda, diante de uma verdade cientificamente comprovada. Pois o que é que nós aprendemos no mundo acadêmico? Que se você pode repetir um experimento um determinado número de vezes e obtiver um mesmo resultado, isto o leva a concluir que você está diante de uma verdade científica. Pois bem, enquanto nosso amigo continuava a brincar com a caixinha de fósforos e o trem a percorrer os trilhos, uma outra pessoa sentada sobre uma pedra à beira do caminho, apreciando e filmando a paisagem, ao perceber a aproximação do trem, direciona sua câmera para acompanhar a passagem daquela composição, e ao captar a imagem do nosso amigo que brincava com a caixinha de fósforos, o que ele percebe? Aquela caixinha percorrendo a trajetória em linha reta de 50 centímetros? Não, o que ele vê é uma trajetória curva e de 5 metros e, não só ele viu, mas filmou a cena e ali está a prova: aquela caixinha fez uma trajetória curva e de 5 metros. Mais ainda, no mundo acadêmico poder-se-ia calcular a velocidade do trem, a resistência do ar, o peso da caixinha e daí deduzir uma função matemática que poderia comprovar com precisão a trajetória percorrida por aquele objeto. Inquestionável esta verdade.

Mas, se você imaginar uma outra pessoa sentada numa das montanhas ou das crateras lá na lua, e observando a nossa cena, o que ela teria registrado? Imagine que decorreram tantos segundos para a caixinha cair e que a Terra gira ao redor do seu próprio eixo a tantos quilômetros por segundo. Quantos quilômetros teria percorrido a nossa caixinha? Vamos ficar por aqui, não vamos considerar que a lua também está girando, que a Terra faz ainda o movimento de translação, que o sistema solar está em movimento, que a galáxia se desloca em velocidade fantástica neste infinito universo.

Voltemos aos nossos três personagens que estavam observando o movimento da caixinha de fósforos, qual deles está certo? Quem tem razão? E, se você analisar por alguns instantes se dará conta de que todos estão certos, cada um a partir do seu referencial, do seu ângulo de percepção, construiu a sua realidade, ou seja, cada um *criou* o seu evento à sua maneira.

Tem sentido, tem lógica isto que conversamos até agora? Tudo bem, pode ter sentido e ter lógica, mas como se aplica no nosso dia-a-dia, o que têm isso a ver com sua convivência diária com as demais pessoas?

Imagine agora, que eu coloco sobre a nossa mesa um dado. Você olha do seu lado e me diz: tem cinco pontinhos e eu olho do meu lado e digo têm dois e aí já podemos nos desentender. Mas eu posso convidar você: vem cá, olha deste lado e você aceita vir, você então concorda: realmente você tem razão, mas deixa eu te mostrar o que eu vi. E eu acompanho você e vou olhar do seu lado. Chegamos então a um acordo. Mas se um de nós firma pé e não admite conversar, fica descartada qualquer possibilidade de entendimento. E nesta situação não há o que fazer, não há como mostrar alguma coisa para quem não quer enxergar. Esta é a postura daquele que sempre quer ter razão. É o que observamos na maioria das situações na relação entre as pessoas: a necessidade de ter razão, de impor aos outros a sua verdade.

Diante do exposto, eu pergunto: é você que tem razão ou sou eu? Mas, como já conversamos sobre os diversos pontos de vista, você pode me dizer que ambos estão certos, que você está vendo 5 pontos e que eu estou vendo 2, e eu concordo com você, mas a chegada de uma terceira pessoa que ao olhar para o dado sobre a mesa vê 4 pontos e vai nos dizer que nós dois estamos errados. Acabou-se o nosso consenso.

Vou perguntar novamente: tem sentido, tem lógica este raciocínio que estamos fazendo? E se você parar por um instante para refletir, vai compreender que é aqui que se encontra o foco de atrito na relação entre as pessoas.

Pense um pouco: quanta energia você já gastou na sua vida para provar que estava certo? E mais ainda, a gente não quer só provar que está certo, quer é provar que o outro está errado. Quando você está discutindo com sua mãe, com seu irmão, com namorado, por que é que você está discutindo? Você só está discutindo por que você está certa. E por que o outro está discutindo com você? Ele só está discutindo com você porque está certo, e não é porque *ele acha que está certo*, como a maioria responde. Ele está certo de verdade, do jeito que está vendo, da forma como está percebendo e construindo a sua realidade.

Tomemos emprestada, agora, aquela caixinha de fósforos do nosso amigo lá do trem, e eu a coloco sobre a mesa na nossa frente. Você olha do seu lado e me diz:

- Tem um tanto de coisa escritas aqui.

Eu olho e digo:

- Está errado, não há nada escrito.

Você automaticamente já se arma em defesa da sua verdade e ainda fica muito brabo, pensando lá com seus botões:

- Como este cabeça-dura não enxerga?

Quando eu digo: está errado e começo em seguida a falar e falar para tentar mostrar para você que não há nada escrito, você não está ouvindo nada. Por duas razões básicas:

Primeiro: por que você iria perder seu tempo para ouvir eu explicar que não há nada escrito se você está vendo quanta coisa escrita há nesta caixinha?

Segundo: você está muito ocupado em articular a sua defesa e não tem tempo para me ouvir. E, é por isto que as pessoas não se entendem. Como eu vou poder entender o que você está me dizendo se eu não ouvi nada do que você me disse. Fica uma conversa de malucos. Cada um fala sozinho.

Mas se eu lhe disser:

- Você tem razão, você está certo.

Aí você vai me ouvir, porque você não se armou, não precisa se defender ou defender a sua verdade. Então eu lhe digo:

- Você tem razão. Mas que tal olhar deste jeito. E se você ver deste outro ângulo? Você poderia olhar desta outra maneira? Como você está me ouvindo poderá aceitar a proposta de olhar de uma nova forma. Veja bem, eu estou dizendo *proposta*, porque na prática eu só estou propondo que você olhe de outro jeito. Se você aceitar, se você quiser.

Quando eu estou dizendo você está certo, não é uma forma de eu trapacear com você e tentar impor a minha verdade. Francamente, eu estou dizendo que você está certo porque de verdade eu aceito que *para você* a coisa é do jeito que está descrevendo. Vou mesmo tentar olhar do ângulo que você está olhando e buscar compreender da melhor maneira possível o que você está afirmando.

E aqui vamos chegar a uma conclusão extremamente séria e de um profundo significado, inclusive ideológico: *VOCÊ NUNCA MAIS VAI PODER DIZER PARA UMA PESSOA QUE ELA ESTÁ ERRADA!*

Vamos parar por um instante para fazermos uma reflexão. Como é mesmo que funciona este mecanismo da percepção/conhecimento? Voltemos àquela caixinha de fósforo colocada sobre a mesa na nossa frente. Como é que nós a percebemos? Há um raio luminoso que incide sobre o objeto e é refletido até a nossa retina como impulso luminoso que ali é transformado pelas células (cones e bastonetes) em impulso nervoso e levado até a córtex cerebral, à área da visão e aí interpretado, é comparado com os arquivos de memória que temos sobre aquele objeto, quando então é completada a identificação e acionada a área verbal para a formulação de um raciocínio verbalizado dando conta da conclusão a que se chegou. Isto, de uma maneira muitíssimo simplificada, mas que serve para o fim a que se destina neste momento. Evidentemente que se pode colocar um tanto de outras maneiras fisiológicas ou filosóficas na questão percepção e conhecimento.

Então, voltando. Como posso saber se esta pessoa tem a mesma capacidade visual que eu tenho? Como posso saber se ela olhou do mesmo ângulo ou próximo do que eu olhei? Que arquivos terá ela armazenados e com os quais comparou para chegar à conclusão que chegou? Terá encontrado as palavras adequadas para traduzir aquilo que queria de fato expressar? Como eu posso me atrever a dizer a uma pessoa que ela está errada?

A compreensão de que cada um constrói a sua realidade de acordo com a sua compreensão e que está certo, absolutamente certo, a partir do seu ponto de vista pode mudar completamente a forma de estabelecer nossa relação com as demais pessoas. À medida que passamos a aceitá-las como são, e aceitar as suas verdades a partir desta lógica de que, na prática, sempre que uma pessoa está se manifestando está expressando a sua opinião, que é o seu jeito de ver. Este jeito de ver não é nem melhor nem pior do que o nosso, ele é tão bom quanto.

Trazemos culturalmente internalizada, uma lógica de certo e errado, porque o nosso raciocínio é excludente. Foi assim que aprendemos a pensar. Se você está certo logicamente eu tenho que estar errado. Mais uma vez, vamos parar um pouco para refletir:

- Quando eu considero que a outra pessoa está certa?

Sempre que ela estiver fazendo determinada coisa de forma mais ou menos parecida com o jeito que eu o faria. Igual ninguém faz. Aliás, igual nem eu mesmo faço, não há como repetir algo exatamente igual. *A NATUREZA NÃO SE REPETE*. E vamos abrir um parêntesis aqui para analisar esta frase. Posso pesar e precisar inclusive os microgramas e até nanogramas... E o número de moléculas? E o número de átomos? E assim até as partículas subatômicas... Foi exatamente o mesmo? Posso medir. Até que limite? Micrômetros? Isto só para chamar a atenção como nos aferramos a detalhes como se fossem *verdades* e absolutas ainda por cima.

Mas voltemos ao raciocínio anterior e vamos considerar que se estiver mais ou menos parecido aí está certo. Agora se outra pessoa estiver fazendo de um jeito diferente automaticamente eu vou dizer que ela está errada.

- E porque ela está fazendo de um jeito diferente?

Porque para ela aquele é o jeito certo de fazer e ela vai dizer naturalmente que eu é que estou errado. Se observarmos deste ângulo vamos ver que na prática o *certo* e o *errado* só existem na mente de cada um de nós, ou seja, para cada pessoa existe o seu certo, que ele constrói a partir da sua compreensão de mundo, dos valores culturais, do contexto familiar e social no qual está inserido.

Aqui está uma fonte básica de ansiedade do ser humano, porque todos nós queremos ver o mundo funcionar direito, queremos ver as pessoas fazerem as coisas certas. Mas eu pergunto:

- Que certo?

- Como é que o mundo vai se regular pelo meu certo?

O *MEU* mundo pode ser regulado pelo *MEU* certo, o *SEU* mundo pode se regular pelo *SEU* certo, mas daí a tentar impor este certo para outrem não tem sentido, é impossível. Esta atitude é a origem básica dos conflitos interiores e dos atritos com as pessoas que nos cercam e com o mundo. Temos sempre o ideal de consertar o mundo, e sempre consertando o outro, particularmente na adolescência e quando adulto jovem, quando tudo nos parece totalmente errado.

O que dizer do nosso dia-a-dia, como agimos dentro de casa com a nossa família seja com nosso companheiro/nossa companheira, com os nossos filhos, com os nossos pais, no nosso ambiente social ou no ambiente de trabalho? Passamos grande parte do tempo julgando, criticando. Quando estamos criticando alguma coisa, quando nos irritamos é porque estamos considerando que aquilo está errado ou foi feito errado. Como já dissemos, por que está errado? Porque não foi feito do jeito que faríamos. Naturalmente se foi outra pessoa que o fez, o fez do jeito dela.

Neste momento podemos dar-nos conta de como passamos grande parte do tempo querendo mudar a outra pessoa, mudar o mundo. E inutilmente, pois na prática ninguém muda ninguém. *Tudo o que podemos fazer é mudar o nosso jeito de lidar com o jeito da outra pessoa*, com a forma que ela pensa, que ela faz as suas coisas, enfim a forma com que ela vive a sua vida. E aí há a necessidade de uma mudança de atitude mental, de uma mudança no foco da nossa atenção que precisa ser retirado do outro, lá de fora, e centrado em nós mesmos. Não posso mudar o outro, só posso mudar a mim mesmo.

Esta tomada de consciência pode mudar completamente nossa vida, pois podemos passar a investir no nosso próprio processo de autoconhecimento, de busca pessoal da transcendência e com isso canalizar a nossa energia para o nosso crescimento pessoal.

Aqui começa o nosso passo decisivo para viver feliz, à medida que podemos estabelecer uma nova relação conosco mesmo, com aqueles que nos são próximos, com a vida e com o mundo.

Estabelecer uma relação saudável de troca e não a relação de dependência ou de dominação que é a forma que prepondera na nossa sociedade, fruto de uma cultura que é regida pelo jogo do poder.

E dar-se conta que *"buscar a felicidade"*, *"alcançar a felicidade"* nos passa a ideia de que a felicidade está lá fora em algum lugar... Na prática tudo que você precisa fazer é viver feliz. Está dentro de você. É só se permitir.

Há uma ampla abordagem sobre o tema REALIDADE, dos pontos de vista biológico, neurológico e filosófico e também grandes polêmicas. Não é objetivo deste livro aprofundar sobre ou adotar alguma destas correntes, mas apresentar uma visão simples e funcional para a nossa vivência cotidiana.

O Mecanismo Mental

O funcionamento da mente humana foi, desde os primórdios da humanidade, um enigma que desafiou o ser humano e que os filósofos, pensadores e cientistas sempre buscaram decifrar. Cada povo, religião ou corrente de pensamento apresentou a sua versão ao longo da nossa evolução. Na história da psicologia e da medicina moderna, Sigmund Freud foi o primeiro a realizar profundos estudos e apresentar uma teoria extensamente elaborada e completa das pesquisas realizadas primeiramente no Laboratório de investigações neurológicas de Ernst Bruck, em Viena, depois com estudos de hipnose com Charcot e Berenheim na França, com Adolf Breuer em Viena, e logicamente, com seus próprios pacientes. Estavam estabelecidas aí as bases da psicanálise que vêm sendo desenvolvida ao longo de dois séculos. As várias correntes da psicologia e da psiquiatria, através de tantos dos seus pesquisadores também foram apresentando novas teorias ou variações daquela base apresentada por Freud e desenhando ou formatando novos esquemas ou mapas da mente humana, adaptando de acordo com a sua visão o *id, ego e superego,* ou *consciente, pré-consciente* e *inconsciente* da psicanálise de Freud, o *ego, inconsciente individual* e *inconsciente coletivo* de Jung.

Há que se compreender que cada processo destes se deu em um momento histórico e dentro de um contexto cultural daquele período. A lógica que permeia a quase totalidade destas teorias é ainda a lógica da dominação e do poder, do certo e do errado, do machismo, da lógica judaico-cristã, dos sintomas que o ser humano apresenta sendo vistos como "doença" no sentido de algo de mau que está acontecendo e que precisa ser *combatido*, e, de acordo com a concepção, vem a proposta que cada corrente apresenta como a mais "correta" ou "a maneira certa" para resolver a situação.

Importante esclarecer que ao fazer estas colocações não estou julgando ou colocando um rótulo de bom ou ruim, certo ou errado nestas posições defendidas por tais correntes, mas simplesmente trazendo para reflexão e compreensão de como naturalmente ocorreram estes processos. Até porque, como já vimos em capítulo anterior, cada um destes pontos de vista é tão válido quanto o outro e corresponde precisamente à realidade construída a partir do ângulo de percepção e compreensão que tinham os pesquisadores, do contexto social e cultural que estavam inseridos e da lógica com que desenvolviam os seus trabalhos.

Como pano de fundo, em cada umas destas correntes vamos encontrar uma concepção de mundo, de Universo. A visão *Materialista* ou a visão *Idealista*.

A visão *Materialista* nos diz que o que existe é a matéria e é a partir daí que tudo se desenrola. Para os neurocientistas a mente é uma *propriedade emergente*, resultado da ação dos neurônios, dos neurotransmissores e dos circuitos eletroquímicos processando os estímulos que recebemos do meio externo e interno do nosso organismo e muito bem demonstrado nas extensas pesquisas realizadas particularmente na década de 90 do século passado, declarada a *década do cérebro*. Com a grande evolução tecnológica, a criação de equipamentos altamente sofisticados e, principalmente, com o uso dos modernos computadores se consegue de maneira não invasiva, estudos detalhados do funcionamento do cérebro. Estudos que somente se conseguia fazer durante os procedimentos cirúrgicos no ser humano ou em animais de laboratório, hoje se faz tranquilamente acompanhando as reações da pessoa examinada na tela do computador com Ressonância Magnética Funcional. Avanços extremamente importantes para a prática médica e para o conhecimento aprofundado da fisiologia dos processos mentais que vêm sendo alcançados pela neuropsiquiatria e neurobiologia.

A visão *Idealista* parte da premissa de que *tudo é Mente.* A mente é um atributo da alma e vai atuar num corpo físico. Aprofundaremos este assunto em um outro capítulo.

Fazendo uma analogia com o computador, o cérebro com os seus neurônios seria o circuito integrado, o processador onde estariam atuando os programas. Um é o *hardware* e o outro o *software*. Aí pode algum leitor levantar a questão: *mas esta é uma visão mecanicista.* E vou responder que sim, que também pode ser vista deste ângulo, como uma analogia *funcional* e que isto não exclui que tudo possa ser tomado como um processo dinâmico, vivo, em adaptação e transformação permanente.

De acordo com cada área de conhecimento da psicologia ou da psiquiatria ou mesmo das tradições filosóficas ou das religiões podemos encontrar uma variedade de mapas, esquemas e subdivisões da mente humana. Na prática são metáforas para facilitar a nossa compreensão. Não significam áreas físicas ou mesmo espaços delimitados identificados em alguma parte de nosso organismo. Vamos procurar apresentar aqui um esquema funcional, a partir da lógica de que somos uma unidade, corpo, mente e espírito e atuamos como tal.

Assim podemos conceber a mente humana como um atributo da alma atuando sobre o corpo físico e sobre o universo que nos cerca, numa visão compatível com a concepção de Karl Pribram, David Bohm, Itzak Bentov e outros pesquisadores de uma *Mente Holográfica* atuando em um *Universo Holográfico*. E que funcionalmente *atua* de uma forma *consciente* e *subconsciente*, de acordo com o princípio da dualidade, do Yin e Yang, que é um princípio básico da natureza.

CONSCIENTE

A *função* consciente está diretamente relacionada à atenção. Só se tem consciência daquilo em que se focaliza a atenção.

Estamos conscientes de uma maneira *objetiva* quando estamos percebendo aquilo que está fora de nós. Utilizando os sentidos podemos então ver, ouvir, sentir um cheiro ou um gosto, a textura e o calor de um objeto. Estamos usando a visão, audição, olfato, paladar ou o tato, para ficarmos com os cinco sentidos básicos, porque se sabe que a nossa percepção vai bem além disto.

Estamos conscientes de uma forma *subjetiva* quando estamos usando a imaginação, a memória ou o raciocínio, ou seja, a nossa atenção está voltada para o nosso interior. Podemos estar de olhos abertos ou alguém pode ter falado conosco, mas não vimos nada, não o percebemos porque estávamos imersos em nossos pensamentos, devaneios ou recordações. Mas com plena consciência daquilo que estávamos vivenciando.

É nesse nível que o ser humano é *racional*. É aqui que se orienta, analisa, avalia, compara, racionaliza e, por fim, decide. É neste plano que se exerce o poder da vontade e que controla os atos voluntários. Nesse nível também estaria exercendo o seu livre-arbítrio. Mas será que o Ser Humano é efetivamente livre? Em que circunstâncias exerce de maneira soberana o seu livre-arbítrio?

Na grande maioria das situações vivenciadas, a liberdade do ser humano se limita a optar entre os seus impulsos e desejos profundos, isto é, a responder às suas programações subconscientes.

O que na prática acontece na vida do ser humano, em sua conduta diária, é a ação condicionada, é a resposta automática do subconsciente aos estímulos, levando muitas vezes a questionamentos do tipo: "Eu não precisava responder daquela forma. Por que será que eu fiz isto?" Ou o famoso "Desculpe, foi sem querer". E, efetivamente, foi. Não foi uma ação consciente.

Naturalmente, também, que o livre-arbítrio só pode ser exercido dentro de determinados limiares, respeitando os limites impostos pelas leis da natureza. Você pode dizer agora eu vou voar ou vou flutuar do topo desta montanha até aquela outra, mas a lei da gravidade não vai permitir. Dentro dos parâmetros estabelecidos por sua natureza, cada ser pode agitar-se à vontade, mas não além.

SUBCONSCIENTE

O subconsciente, também de acordo com o princípio da dualidade, funciona em dois níveis. O primeiro nível, que podemos chamar *servomecanismo*, ou seja, a máquina de servir corresponde na psicologia junguiana ao inconsciente individual; e o segundo nível, o EU CÓSMICO, é a porção divina do ser humano, a sua ligação com a Mente Universal, Mente Cósmica ou Deus, conforme a filosofia ou a religião que o analise. Na psicologia junguiana corresponderia à nossa conexão com o inconsciente coletivo.

No nível que chamamos servomecanismo o subconsciente funciona precisamente como um computador, à base de *programação*. Assimila as informações, registra os dados de forma padronizada e produz as respostas de maneira automática. O subconsciente depois de programado age e reage automaticamente, independente da vontade e do consciente. Executa a ordem sem questionar se os resultados serão agradáveis ou desagradáveis, se vão gerar harmonia ou desarmonia. Há programações culturais e programações genéticas que o indivíduo já recebe como registros e há também as programações adquiridas, que começam a ser incorporadas a partir da fecundação. Durante o período da gestação são armazenadas programações profundas e pelo resto da vida o ser humano vai assimilando informações e automatizando reações no nível do subconsciente, que condicionarão formas de agir e reagir na sua interação (inter-ação) e inteiração com o meio ambiente, com outros indivíduos e com o Universo. Retomaremos adiante o tema das programações da vida intra-uterina porque é muito importante e merece ser aprofundado.

No subconsciente estão os nossos registros de modelo de mundo, dos nossos valores e crenças, dos mandatos condicionantes, dos arquivos que trazemos desta ou de outras vidas.

Aqui vale um parêntesis para uma digressão. Existe um fato: trazemos os registros da nossa evolução desde o ser unicelular até o presente momento. Não só trazemos a memória desta evolução como reproduzimos este processo desde o momento da fecundação quando a dualidade yin e yang do óvulo e do espermatozóide se fundem gerando no terceiro ponto do triângulo a unidade: *uma célula*, o ser unicelular. A partir deste momento começa a fascinante jornada no ciclo desta vida, do ser uni ao pluricelular que dura 7 dias, período em que o óvulo se desloca do terço distal da trompa onde foi fecundado até o útero onde vai fazer o processo de nidação, ou seja, a fixação na parede uterina já preparada para recebê-lo e aí começa a desenvolver a placenta para iniciar a etapa seguinte que é viver a sua fase aquática no líquido amniótico, que é semelhante à água do mar. É a reprodução da fase marinha, na evolução biológica dos seres vivos, o oceano primitivo. Nos primeiros 21 dias depois da implantação ocorre a formação dos três folhetos que darão origem aos órgãos e mais 63 dias para terminar a formação dos órgãos, glândulas e principais estruturas. É o primeiro trimestre da gestação, quando o feto completa a sua formação. Desta etapa até o parto é o período de crescimento e maturação, são mais 189 dias. São ciclos de sete dias que vão se desenrolando como uma espiral logarítmica, seja na multiplicação das células, seja na formação dos órgãos. O ciclo padrão da natureza é o ciclo lunar de 7 dias, como vemos na menstruação, nas marés, no período de incubação das doenças, que estão ligadas à reprodução dos microorganismos, sejam fungos, bactérias ou vírus.

No nascimento se dá o grande dilúvio, com o rompimento da bolsa amniótica e início do processo de passagem pelo canal vaginal para iniciar um novo ciclo. É a passagem da vida marinha para a vida aérea sobre a Terra, que se inicia com a primeira inspiração, o primeiro ar que penetra nos pulmões. No ambiente terrestre o novo ser reproduz todo seu processo evolutivo, primeiro se arrastando como réptil, depois engatinhando, andando sobre os quatro membros até que consegue colocar-se em pé e assumir a postura bípede, do seu atual momento de evolução.

O CICLO DO NÚMERO 7

1 ciclo -   7 dias => fecundação à nidação
3 ciclos- 21 dias => desenvolvimento dos 3 folhetos
9 ciclos- 63 dias => desenvolvimento dos órgãos
<u>27 ciclos- 189 dias</u> => maturação => nascimento
40 ciclos- 280 dias

Voltando aos mecanismos mentais vemos que o nosso cérebro reptiliano, que é o mais primitivo, da nossa fase réptil, é a sede das reações que mobilizam os nossos sistemas de defesa e o faz de uma forma automática em uma série de situações. Imagine a infinidade de reações físico-químicas que ocorrem em nosso organismo para contrair os músculos, acelerar o coração e a respiração e nos preparar para lutar ou fugir conforme nos indique o nível de risco detectado pela atenção a cada movimento exterior. Isto somente para brincar com a situação de uma percepção de ameaça externa e imagine agora todas as outras situações em que nosso organismo atua sem nem nos darmos conta do que está acontecendo.

O sistema de defesa abrange uma gama muitíssimo mais ampla de atividades do que esta que citamos ou do que simplesmente a ação dos glóbulos brancos no sangue, que é a ideia corriqueira que temos a respeito deste sistema.

As versões para explicar o mecanismo de como são transmitidas as informações que trazemos é que vão variar de acordo com os pesquisadores, com a corrente filosófica, com o ponto de vista ou com a lógica de mundo que é concebida. Pode ser explicado como os registros que trazemos de vidas passadas, e estão armazenados em nossa memória de quarta dimensão, um atributo do Espírito ou Alma que está na quinta dimensão. Pode ser concebida como a memória celular ou hereditária que recebemos de nossos ascendentes... Não é o fundamental para nós neste momento eleger uma versão, e sim compreender *o processo* que se desenrola. Outros tantos registros vamos adquirindo e acumulando na nossa vida atual.

As programações genéticas são aquelas transmitidas hereditariamente e fazem parte da bagagem de informações acumuladas durante toda a nossa evolução como ser vivo, desde o surgimento da primeira célula. Temos aí desde os registros de como vai se reproduzir cada célula, de como vai se comportar como uma unidade e como parte de um todo maior que é o órgão ao qual pertence, de como funciona este órgão, da sua relação com os demais e como parte do organismo como um todo. Do funcionamento deste indivíduo e da sua integração ao nicho ecológico do qual faz parte e assim por diante.

As programações culturais são aquelas informações que recebemos das pessoas e do ambiente em que nos cerca. Don Miguel Ruiz, um digno representante da sabedoria Tolteca, diz em seu livro *Os Quatro Compromissos* que o ser humano é domesticado pela palavra. Humberto Maturana diz que o ser humano surge pela deriva natural ao se diferenciar do hominídeo, criando uma nova linhagem, quando começa a usar da palavra. O fato é que pela palavra os adultos e mesmo as outras crianças com quem convivemos nos apresentam o mundo, ou melhor ainda, um modelo de mundo conforme a concepção que tem aquele povo, naquele momento histórico, naquele ambiente em que nos inserimos ao nascer. Os conceitos e preconceitos, as crenças, os valores que vão formar o paradigma desta cultura vão sendo naturalmente assimilados e incorporados como forma de conduta e passam a ser as nossas "verdades" e vão pautar a nossa conduta na nossa relação conosco mesmo, com o outro e com o mundo.

Então, se nosso subconsciente funciona de acordo com as programações, com os registros que trazemos e funciona automaticamente, se estes registros estão gerando reações que não são agradáveis, das quais eu não gosto, eu posso mudar estes registros, reprogramar e com isto mudar a minha forma de reagir.

Este é o propósito básico deste livro: oferecer para você, leitor, a possibilidade de mudar.

Há três técnicas básicas para programar ou reprogramar o nosso subconsciente:

1 - Compreensão

A mim, particularmente, é a que mais gosto. A partir do momento em que você consegue compreender os mecanismos mentais, como funciona nossa mente e porque reage desta ou daquela maneira, quando identifica o fato ou situação que gerou o registro você pode se dar conta de que a forma como está reagindo neste momento não é exatamente pelo que está ocorrendo agora e sim porque este fato está acionando uma tecla e ativando registros de algum evento semelhante ocorrido no passado e que o subconsciente, no seu processo de padronização, o toma como igual.

Exemplificando:

Um adulto jovem, 28 anos, executivo, formação universitária, bem apessoado, vem ao consultório com uma queixa de *medo de andar em elevador.* Isto o envergonhava e o colocava em situações bem difíceis porque ao mesmo tempo em que lhe parecia uma coisa ridícula, mais ainda a um homem que tem a obrigação de ser valente e corajoso, gerava constrangimento e um desconforto que chegava a quase pânico quando tinha que tomar um elevador.

Iniciei o trabalho, e depois de apresentar-lhe os mecanismos de como construímos a nossa realidade e como funciona nossa mente o conduzi num exercício de relaxamento, e numa hipnose consciente, para ativar a memória e buscar a primeira situação em que sentiu muito medo por estar em um ambiente fechado, pequeno ou escuro. Ele traz à mente um episódio de quando tinha três a quatro anos de idade e junto com seu irmão de sete anos receberam dois primos em sua casa e foram brincar de esconde-esconde. Seu irmão o colocou dentro do guarda-roupa e fechou a porta indo esconder-se em outro lugar enquanto um dos primos é que ia procurar. Como estava muito bem escondido o primo demorou muito a encontrá-lo, ou para ele aos três ou quatro anos o tempo foi muito longo. O fato é que ele sentiu muito medo de que não o encontrassem ou de ficar preso num lugar escuro e fechado. Pense você como funciona a imaginação de uma criança nesta idade e as fantasias que pode ter feito se estava com medo, todos os monstros e fantasmas que podem ter povoado a sua imaginação. Trabalhado este episódio, este indivíduo deixou de ter medo de andar em elevador.

Daí a importância de se trabalhar na hipnose consciente, porque ao mesmo tempo em que permite ativar a memória e trazer registros que estão esquecidos ou *reprimidos*, para usar um termo da psicanálise, você pode levar a pessoa a compreender conscientemente o processo e o fato e mudar o registro que havia feito.

Apresentei este exemplo simples para que se entenda o processo. É claro que na clínica, no dia-a-dia, surgem casos mais complexos e que requerem ser trabalhados de uma maneira mais aprofundada. Ainda que não sejam tão frequentes podem surgir registros de vivências de vidas passadas, e como tal devem ser trabalhados. Já tive um número significativo desses casos. Devo ressaltar que tenho como conduta não induzir a nenhum caminho, não falo de vidas passadas ou que vou conduzi-la a vivenciar tais experiências, por uma simples razão: entendo que deve ser um processo espontâneo e vai aparecer aquilo que a pessoa necessita naquele momento e de acordo com o seu processo pessoal. Busco encontrar as perguntas adequadas para o caso que está em pauta, sem sugerir respostas, porque acredito que aí podem aparecer *minhas* respostas e não as que correspondem, que são as de quem está em terapia.

É possível que a pessoa não lembre nenhum evento relacionado ao sintoma que apresenta. Ainda assim se pode trabalhar com sugestões para formar um novo registro no subconsciente, utilizando a imaginação que é a segunda técnica do processo.

2 - Imaginação

É a imagem em ação. É uma técnica de grande eficiência porque para o nosso subconsciente não há diferença entre aquilo que se vivencia na prática, o que se imagina ou aquilo que sonhamos. O mecanismo de processamento é exatamente o mesmo, inclusive nas reações do nosso corpo físico. Esta é uma afirmação que já se fazia há muito tempo e que pesquisas recentes mostraram que é efetivamente assim que acontece. Um experimento realizado em uma universidade inglesa demonstra que ao se tomar imagens por tomografia computadorizada do cérebro de uma pessoa que estava visualizando uma vela acesa, estas imagens apresentavam uma determinada configuração de desenhos e tons na tela do computador. Depois, esta pessoa de olhos fechados e em estado de relaxamento passava a imaginar a mesma cena com a vela acesa ao mesmo tempo em que iam realizando tomografias e quando ele conseguia formar bem a imagem fazia um determinado sinal ao pesquisador. E o que se observou no resultado das tomografias, tanto do momento em que estava vendo fisicamente a vela quanto do momento em que estava imaginando, foi que as configurações das imagens eram coincidentes.

E isto é lógico, à medida que quando você está vendo uma determinada imagem isto vai representar no cérebro um determinado padrão vibratório que o leva, comparando com os seus arquivos de memória, a reconhecer um determinado símbolo ao qual você atribui um significado, um nome, que pode ser um objeto, uma planta ou um animal. Para que você possa *imaginar* um determinado objeto você tem que gerar o mesmo padrão vibratório. No caso do experimento, para ser reconhecida como uma vela pela imaginação teria que gerar o mesmo padrão vibratório gerado no momento em que estava sendo vista fisicamente. Se fosse outro padrão vibratório você estaria imaginando outra coisa, uma caneta, um lápis, uma casa, o que seja, menos uma vela.

Normalmente quando a pessoa sente medo, na prática ela está sentindo medo por aquilo que ela imagina que possa vir a acontecer. E isto sucede em muitas outras situações na vida cotidiana. A preocupação, a ansiedade, a insegurança e muito dos sofrimentos que o ser humano gera se dão normalmente em função da sua imaginação, daquilo que imagina que possa vir a acontecer, do que tal ou qual pessoa possa fazer ou deixar de fazer, muito mais do que daquilo que está efetivamente acontecendo.

No exemplo que relatamos do medo de andar em elevador, na prática era medo do que poderia vir a acontecer. É o famoso: *e se. E se* faltar luz? *E se* ficar tudo escuro? *E se* o elevador trancar e eu ficar preso? *E se* ninguém vier socorrer? *E se* faltar o ar? O que em última instância é o medo de morrer. Sobre o medo aprofundaremos em um outro momento.

Feita esta explanação vamos ver como podemos utilizar na prática a imaginação para programar ou reprogramar o nosso subconsciente.

O que importa é entender este mecanismo de funcionamento do subconsciente, o seu automatismo, porque simplesmente ele vai produzir o resultado de acordo com as ideias ou pensamentos que o alimentaram. Se você já experimentou uma situação em que sentiu medo, você já comprovou o quanto este mecanismo é eficiente porque produziu mesmo muito medo e talvez até pânico. Então se é tão eficiente para produzir estes resultados desagradáveis eu posso da mesma maneira produzir resultados agradáveis. O mecanismo é precisamente o mesmo e a única coisa que muda é que ao invés de alimentar o sistema com imagens, ideias e pensamentos negativos, no sentido de desagradáveis ou que geram desarmonia, agora *eu escolho conscientemente* alimentar o processo com ideias, pensamentos e imagens positivas no sentido de agradáveis e naturalmente este vai ser o resultado que eu vou produzir.

Ainda usando o exemplo do elevador, se eu estou me encaminhando para um edifício onde vou tomar um elevador e já vou preocupado, "pré-ocupado", imaginando o sofrimento para entrar no elevador, todas as possibilidades de acidentes que podem acontecer, o que na prática eu estou fazendo? Reforçando a programação negativa que eu já tinha de quanto é perigoso andar em elevador e com isso só faço aumentar o medo e a dificuldade de resolver esta situação. Mas a partir do momento em que eu tomo consciência de que *sou eu* que estou gerando isto, pela maneira que estou olhando e que agora que eu tenho o conhecimento de como se dá este processo *eu posso* então *escolher* outro caminho.

Aqui vale a pena uma reflexão a mais. Não se trata de que a pessoa por sentir um medo seja tola, infantil, covarde ou qualquer outro qualificativo que se queira pensar. O fato é que sente medo e este medo é muito concreto, muito real e na prática não tem outra maneira de reagir enquanto não alterar o registro que está armazenado em seu subconsciente.

Já percorri o caminho da *compreensão* e agora começo a utilizar a *imaginação:* ao me encaminhar para o edifício já vou me imaginando e me sentindo tranquilo e seguro, imagino eu entrando no elevador apertando o botão do andar que quero ir. Se há outras pessoas no elevador posso cumprimentá-las, conversar com elas e já me imaginar saindo do elevador no andar escolhido, alegre e contente. Como já disse, para o nosso subconsciente ou para o nosso sistema nervoso não há diferença entre aquilo que vivencio ou aquilo que imagino, então quando vou imaginando esta situação, estou me preparando para o momento em que vou vivenciá-la, porque agora esse registro já existe no meu subconsciente, já não é novidade, e posso passar por isto tranquilamente. Brincamos neste exemplo com a experiência do elevador, mas você, leitor, pode levar isto para qualquer situação da sua vida diária. E se me proponho de fato, consigo com toda a segurança fazer esta reprogramação ou posso também recorrer à ajuda de um terapeuta que trabalhe com esta lógica de abordagem.

Agora vamos ver a terceira técnica para a programação ou reprogramação do nosso subconsciente.

3 – Repetição

A repetição é a técnica mais comum e a mais utilizada ao longo da nossa vida, e quase nem nos damos conta disto. O que faz um atleta quando está treinando, senão repetindo, repetindo e repetindo aquele movimento, aquela jogada até que seja tão automático que ele não precise mais pensar em como fazer... não tem mais *consciência* do movimento. Quanto mais ele treina, mais perfeito sai, mais automático, mais está internalizado no seu subconsciente. Este é um exemplo clássico e bem evidente. Mas fazemos isto no nosso dia-a-dia. O bebê quando está começando a caminhar, a dar os primeiros passos, quantas quedas até que vai treinando os músculos e o seu sistema nervoso, se aperfeiçoando cada vez mais até andar com segurança. Quando começamos a aprender a tocar um instrumento ou a digitar num teclado de computador, como são lentos e desajeitados os nossos movimentos. Se nos empenhamos em praticar, rapidamente desenvolvemos esta habilidade.

Este mecanismo do corpo físico é precisamente o mesmo para a nossa mente. Pela repetição de pensamentos, de imagens, de ideias podemos fazer um novo registro em nosso subconsciente ou alterar um registro antigo que esteja trazendo respostas desagradáveis ou gerando alguma dificuldade.

No computador podemos deletar ou apagar aquela informação que nós consideramos inadequada, ou "errada", e substituí-la por outra. Então quando eu pedir novamente este dado vai aparecer na tela o novo registro. Na nossa vida eu não posso simplesmente dizer que tal fato não aconteceu.

No exemplo do paciente com medo de andar no elevador não se podia simplesmente dizer que a brincadeira de esconde-esconde não havia acontecido, que os primos não vieram à sua casa, que o irmão não o escondeu. Este era o registro armazenado. O que se faz é levar a percepção daquele fato como uma situação natural, a reação da criança e o registro feito como lógicos para aquele momento e a partir daí buscar uma outra compreensão para aquele fato, de vários outros pontos de vista, conduzi-lo para dar-se conta de que agora é um adulto e com todas as condições de poder manejar uma situação que se apresente. Com isto pode construir uma nova realidade, apresentando uma reconfiguração dentro do contexto em que sucedeu o episódio. Nesta etapa se leva a uma *compreensão* da causa que pode também ser acompanhada da *imaginação* no reviver o fato e na construção do novo registro.

A nossa mente não para de funcionar seja consciente ou inconscientemente. Se você está dormindo, o subconsciente (que funciona permanentemente) está atuando física e psiquicamente, seja na manutenção do seu corpo físico seja nos sonhos. Desperto você está sempre conversando consigo mesmo, ou seja, estão ocorrendo pensamentos o tempo todo, às vezes agradáveis e harmônicos e outras vezes não. Este fluxo de pensamentos é que vai caracterizar a sua *atitude mental,* se você é uma pessoa otimista ou pessimista.

É neste momento que podemos começar a atuar conscientemente, começar a dar-nos conta de que tipo de pensamento predomina no nosso dia-a-dia e então começar a *direcionar* e *escolher* os nossos pensamentos. Em princípio não posso evitar que venham pensamentos desagradáveis, o que *posso* fazer é *escolher seguir* ruminando estes pensamentos ou *escolher mudar* para outros que sejam agradáveis.

O processo é o mesmo para o caso dos medos. Quando vem a sensação do medo (e vem por um estímulo, por uma percepção que é interpretada como situação de risco, perigo ou ameaça) este é o momento de dizer PARE, ou imaginar uma enorme placa de trânsito com a seta cortada, que significa contramão, ou seja, proibido seguir por este caminho. É uma boa maneira de tirar o subconsciente do piloto automático, que nesta hora tudo o que se quer é correr, escapar, desaparecer deste lugar perigoso. Quando você coloca este PARE, traz para o consciente a situação presente e pode começar a direcionar os seus pensamentos e pode avaliar o que está de fato acontecendo. Há algo concreto neste lugar que representa perigo, ou você simplesmente está reagindo a algum antigo registro? Neste momento ao conversar consigo mesmo, você vai alimentar o seu banco de dados com uma nova informação. Se teve ou tem algum medo recorrente pode pensar em como atuou até agora. Como, ao seguir com o pensamento de medo estava reforçando o quanto de fato era perigosa aquela situação, e naturalmente com isto reforçava mais ainda o registro... E mais medo, é claro ia sentindo.

Dependendo da situação específica que você vivencia, pode criar frases adequadas ao seu caso e repetir para si mesmo pelo tempo que for necessário para a fixação desta nova informação. No nosso exemplo, poderia ser: *sou calmo, seguro e confiante. Posso andar tranquilamente em qualquer elevador.* Ou qualquer outra frase mais interessante que a criatividade de cada um puder inventar.

Eu busquei apresentar esquematicamente e na sequência as três técnicas, - compreensão, imaginação e repetição - mas na prática você as utiliza simultaneamente porque no momento que está conversando consigo mesmo (repetindo) pode estar formando um raciocínio que vai levar à *compreensão* e nesse processo está criando imagens (imaginação) do pensamento que está sendo elaborado. A separação é didática para facilitar o entendimento.

Programações de Vida Intrauterina

Como programações do período da gestação podemos citar o caso em que a mãe que não desejava aquela gravidez e se assusta no momento em que descobre que está grávida. Não aceita aquela criança. De acordo com a intensidade deste sentimento e por quanto tempo se mantém durante a gestação, se há a intenção ou a tentativa de aborto, estes registros vão marcar profundamente a vida desta criança. É aquela pessoa que tem sempre a sensação de que não vai ser aceita em cada ambiente novo que chega. É aquela criança tímida e reservada que demora a se adaptar em uma sala de aula a cada início de período letivo ou aquele adulto que no ambiente social ou de trabalho vai estar quase sempre isolado e inseguro em relação aos amigos ou colegas, se vão aceitá-lo ou não, se vão gostar dele ou das coisas que faz. Pode ser aquele indivíduo prestativo que está sempre tentando agradar, sempre procurando a aprovação e acaba fazendo qualquer sacrifício para receber atenção e ser aceito. E enquanto não trabalhar esta situação, não mudar este registro pode passar por grandes sofrimentos em sua vida.

Outro caso importante de programação do período de gestação é quando a criança é esperada de um sexo e nasce de outro. Este fato vai trazer importantes consequências, físicas, afetivas e emocionais.

Por uma tradição cultural, normalmente o primeiro filho é esperado homem. Era o tradicional primogênito, o chefe da família ou do clã, "o príncipe herdeiro". Se a primeira gestação é uma menina podemos ter o caso em que nasce uma menina que foi esperada para ser um menino e as características mais yang vão ser mais acentuadas de acordo com a intensidade do sentimento vivenciado pelos pais e principalmente pela mãe que, na maioria das vezes, o que quer é não "decepcionar" o pai. Esta espera do primeiro filho homem foi muito forte há algumas décadas e ainda é em algumas culturas. O efeito se pode observar muito claramente na nossa sociedade.

Se na primeira gestação vem uma menina, esta expectativa vai aumentar na segunda e muito mais na terceira. Esta menina esperada para ser menino vai desenvolver características físicas, comportamentais e afetivas muito próprias.

Como características físicas podemos destacar: um tipo mais yang, com um corpo e traços faciais mais para o masculino, uma musculatura mais saliente, com seios pequenos, para esconder sua condição de mulher. Os movimentos são mais bruscos e grosseiros. Usam com mais frequência os cabelos curtos. Têm uma preferência especial por calças compridas, roupas largas e um vestuário mais masculino. Pode ser muito magra ou ter tendência à obesidade, como uma maneira de não mostrar suas formas femininas; um nível mais alto de testosterona vai produzir uma quantidade maior de pelos pelo corpo e na face; as cólicas menstruais podem ser muito intensas, principalmente no primeiro dia. Este fato se explica como uma resistência do colo uterino em permitir a passagem do fluxo menstrual que é o atestado mensal da condição de mulher, levando o útero a produzir fortes contrações para a expulsão do conteúdo uterino. Estas contrações é que produzem a dor. É uma reação do subconsciente. Atendi a muitos destes casos, que uma vez que é trabalhada a auto-aceitação como mulher as cólicas desapareceram. Há também relatos de mulheres que tinham muitas cólicas menstruais e que após a primeira ou segunda gestação estas cólicas desapareceram, ou seja, uma vez consolidada a condição de mulher desaparece a resistência do colo uterino porque foi feita a mudança do registro no subconsciente que gerava esta reação.

Em termos comportamentais, desde criança sua preferência é pelas atividades dos meninos. Brincar ou jogar, correr é na rua. Nos esportes é competitiva e disputa com eles no mesmo plano. Mais tarde, nas atividades profissionais também vai buscar aquelas carreiras que eram tipicamente masculinas. Não gosta das tarefas domésticas e não tem paciência para cuidar dos filhos. Pode fazer, mas se aborrece facilmente e quer em seguida encontrar outra coisa para ocupar-se.

Em relação ao afetivo-emocional, é pessoa ansiosa, com a preocupação em não decepcionar ou medo de fazer as coisas erradas. É um registro subconsciente de que a primeira coisa que fez na vida "não foi certa", ou seja, não cumpriu aquilo que se esperava dela, não atendeu a expectativa de nascer o menino que desejava a família, principalmente o pai.

As dificuldades nos relacionamentos sexuais, como inibições com o seu corpo e resistência a entregar-se totalmente no ato sexual, que foram muito marcadas nas mulheres esperadas homem até as décadas de 60 e 70 do século passado foram muito atenuadas com a revolução sexual e a liberação feminina.

É muito interessante observar que se na terceira ou quarta gestação nasce o homem tão esperado pelo pai para ser a grande figura masculina por ele idealizada, na prática, na grande maioria das vezes vai ser uma grande decepção porque vai ser aquele tipo muito passivo e acomodado, pois traz o registro de que já cumpriu a sua grande tarefa na vida: nascer o homem tão desejado.

Até porque se já havia muitas mulheres na família era porque a imagem de homem já era negativa. Impera aí um matriarcado.

Relação de poder

A lógica que permeia a relação entre as pessoas é uma lógica de poder e de dominação. Esta lógica está tão impregnada em toda a nossa cultura que é muito difícil para as pessoas se darem conta de que as relações podem ser diferentes e pouquíssimas tem esta consciência. O nosso modelo científico reproduz e respalda este mecanismo que está fundamentado em princípios judaico-cristãos centrados no Deus-Pai, no patriarcado e no machismo.

É importante compreender que este é um modelo secularmente ou milenarmente construído com o apoio das religiões como forma de manter a massa da população numa condição de ignorância, de crenças, de medos porque assim as pessoas são muito mais facilmente manipuladas. Prontamente se apresenta o "pastor" ou o "político" que com sua dedicação e apostolado fará o "sacrifício" de conduzir/representar o "rebanho".

Mas há que se compreender que esta lógica só impera à medida que nós mesmos permitimos, e que esta relação se estabelece como um jogo. E que só acontece quando você aceita que o outro mande. Na prática a responsabilidade passa a ser do outro, você a transfere e então como um mecanismo próprio de defesa você se coloca somente como a vítima. Se as coisas não "derem certo", ou seja, o resultado não for aquele que você esperava, a *culpa* é do outro. Você só *confiou,* só *acreditou,* o outro é que "não agiu corretamente" com você. Muito cômodo não?

Eu brinco que já me resolvi muito bem com esta situação: *Mandar é problema do outro, obedecer é problema meu.* Assim: *Podem mandar* **quanto** *queiram, eu vou obedecer* **quando** *(e se) quiser,* e está tudo bem.

É muito divertido observar como as pessoas não se dão conta da lógica deste mecanismo. Ficam revoltadas, com raiva e querem que o outro mude, que mude sua atitude, que deixem de mandar, quando na prática tudo o que precisam fazer é mudar a sua própria atitude. Se obedecerem é porque aceitaram que o outro mande. Portanto a responsabilidade é sua e não do outro.

Qualquer pessoa ou situação só tem sobre você o poder que você concede a ela.

Este é um princípio fundamental. Quando as pessoas se derem conta deste fato, todo esse sistema que está aí implode, porque então a mídia, as escolas, as empresas, as religiões e tantas outras entidades que atuam na prática como aparelhos ideológicos de estado reproduzindo o sistema que está estabelecido deixariam de ter o poder que tem hoje.

Esta lógica é reproduzida em todos os níveis. Inicia na relação dos pais com os filhos desde recém-nascidos, e destes com os pais. Qualquer mãe, mesmo as de "primeira viagem", sabe identificar quando o choro da criança é de dor, seja uma dor de ouvido ou cólicas, quando é de fome, quando a fralda está molhada ou suja ou quando este choro é de manha e o que a criança quer é um colo. Quando esta estratégia funciona e ganha colo este registro está feito - *fazer manha rende colo*. A manipulação se estabelece como uma prática e aí os adultos que cercam esta criança estão "cativos".

Não quero dizer com isso que não se deva dar colo e muito carinho. Claro que se deve dar colo, muito carinho, "amassar" muito e demonstrar o quanto esta criança é querida e bem-vinda, mas tem hora do berço e de cada adulto cuidar de si mesmo. Estabelece-se então uma relação de troca, de harmonia, de equilíbrio e de respeito um pelo outro.

A relação de poder é normalmente recíproca e se observa entre irmãos de um para com outro, entre pais e filhos; aluno e professor, patrão e empregado, cidadão e estado, de um estado para com outro, e entre países, enfim em todos os níveis. É um processo cultural e que poucas pessoas se dão conta, apesar de sentirem tantas vezes uma insatisfação que é indefinida. Outras vezes, por não se darem conta ou porque sempre foi assim, acomodam-se na passividade.

Aquele que se dá conta desta relação de poder, na grande maioria das vezes se revolta e quer mudar o mundo. Mas, quer mudar o mundo mudando o outro porque o outro é que está agindo errado. A atitude errada é a do outro. Na prática *ninguém muda ninguém*, não há como fazê-lo. Tudo o que você pode fazer é *mudar a sua atitude para com o outro ou a sua maneira de lidar com a atitude do outro*. Este outro pode ser seu irmão, seus pais, seus amigos, namorado ou namorada, esposa ou marido, patrão ou empregado, político ou autoridade.

Evidentemente quando coloco a questão nesses termos invoco também o binômio: *liberdade* versus *responsabilidade,* você tem toda a liberdade de agir de acordo com a sua lógica e seus princípios e também a responsabilidade de assumir os resultados da sua ação, com a compreensão plena de que a semente que você coloca no solo é que vai germinar. Não há como colocar uma semente de girassol e querer colher uma espiga de milho. Esta é uma lei básica da natureza.

Para cada tipo de relação há regras que lhe são próprias: a relação entre pais e filhos, aluno e professor, patrão e empregado. As relações no seu ambiente social, de trabalho ou familiar têm regras que são características para cada um destes ambientes. E diferem de um grupo para outro. O que vale num contexto familiar não vale igualmente para todas as famílias, cada uma tem suas particularidades e seus componentes culturais, sociais e históricos. O que vale para esta comunidade, para este povo não vale para aquele outro.

No seu local de trabalho você está sendo pago para desempenhar uma função. Você foi contratado para realizar tarefas conforme a missão da empresa ou instituição ou com os objetivos e metas do seu proprietário. As regras da casa estavam estabelecidas e você concordou com elas ao aceitar este emprego, portanto aqui você não pode fazer o que *"acha"* que deve ser feito.

Esta questão do poder é analisada nas obras de Foucault tais como *A História da Loucura, O Nascimento da Clínica, e Microfísica do Poder*, onde relaciona de forma direta o saber com o poder. De fato, a pressuposição é de que ao deter um conhecimento eu posso deter um poder, à medida que as demais pessoas do grupo estarão dependendo das minhas aptidões para resolver um problema que apresentem, seja de saúde, de política econômica ou um simples problema mecânico no seu carro. Esta lógica está tão culturalmente arraigada que se aceita que é assim que funciona e não há questionamentos sobre isto.

É a lógica da manipulação, do exercício do poder, da dominação, da competição, do extrair o máximo e oferecer o mínimo. Do lucro exorbitante dos nossos empresários que não visualizam a longo prazo, mas o lucro imediato, recuperar o capital investido no mais curto prazo, explorar e explorar. Com isto só poderíamos ter o resultado que temos: a destruição do meio ambiente, que está se esgotando rapidamente e ameaçando a própria sobrevivência da espécie humana no planeta. A realidade social, com a concentração da renda nas mãos de uma elite dominante dos países hegemônicos e nos países subdesenvolvidos nas mãos das elites nativas. Elite esta que está hoje prisioneira, encurralada e ameaçada dentro das suas mansões, que estão voltando a ser as fortalezas da Idade Média. Só que o inimigo agora não vem de terras distantes, não cruza mares. Está no seu quintal, no morro atrás do seu condomínio fechado. Segurança privada, carro blindado, busca de outras cidades para a família são os paliativos para tentar evitar olhar de frente a questão da responsabilidade social e fazer de conta que nada tem a ver com isto. Aí estão a fome e a miséria de grande massa da população que é mantida (e se mantém) em condições precárias de educação e sobrevivência. Assim se alimenta o círculo vicioso, perpetuando a ideia da dependência, da *cesta básica* e da ignorância que facilita a manipulação.

Romper este círculo passa necessariamente pelo fato de que cada indivíduo possa adquirir consciência da sua condição de SER HUMANO

LIVRE, da consciência de cidadania, pela compreensão de que é uma escolha, uma eleição que *é você quem faz*. Ninguém pode fazer por você.

O jogo de poder mundial está centrado no controle econômico. José Lesta e Miguel Pedrero jornalistas e escritores espanhóis, em seu livro *Claves Ocultas del Poder Mundial*, analisam as manipulações e influências dos sistemas de inteligência dos países desenvolvidos, do Clube Bilderberg e da Maçonaria neste jogo. Outro livro importante para entender este processo é *Hitler ganó la Guerra* do jornalista argentino Walter Graziano. Há uma bibliografia rica para quem quiser buscar entender como se maneja o "rebanho". A Internet hoje permite acessar a informação de forma direta e assim escapar da manipulação da grande mídia. Pesquise e leia sobre as análises de geopolítica, principalmente fora da grande mídia. Jornalistas como Pepe Escobar, Romulus Maya.

As religiões têm desempenhado historicamente um papel crucial neste jogo de manter o "rebanho" sob a lógica da dependência. Os religiosos assumem ostensivamente o título de "pastores" e que estão aqui para guiar o "rebanho". Atuam intensivamente na mídia, alguns se apresentando como "ungido" por Deus para salvar aquelas pessoas que estão perdidas e naturalmente somente aquelas que estiverem na sua religião é que serão as escolhidas, porque estão no único caminho correto para a salvação.

Ao se apropriar de Deus e O elevar aos céus os religiosos colocaram Deus distante dos seres humanos e assumiram o papel de intermediários. Você necessita agora de alguém que ore por você, que o perdoe dos seus pecados, que o "alimente" espiritualmente. Mas, mais do que intermediários, são corretores dos céus porque há que pagar por estes serviços, e se paga bem caro por isto. Houve tempo que se venderam indulgências e até um lugar no céu se podia comprar. Você, leitor, pode observar o poder e a riqueza acumulados pelas igrejas das várias confissões. Nas últimas décadas, no Brasil surgiu uma infinidade de cultos religiosos e esta atividade virou uma máquina de fazer dinheiro fácil e com a ilusão de oferecer a salvação, criam um medo ou até terror nas pessoas com as ameaças de satanás e do fogo do inferno, tornando-as vítimas fáceis de serem manipuladas ou exploradas. Ao se observar tecnicamente um culto o que se vê é uma hipnose coletiva, um transe em que os fiéis se entregam totalmente. De fato os pastores são pessoas extremamente hábeis e competentes para fazer o que fazem. E é fato sim que muitas vezes podem obter resultados significativos naquelas sessões de cura e de "exorcismos" porque a pessoa está totalmente imersa naquele processo e se pode explicar tecnicamente como se dá este mecanismo de resposta.

Em um culto ou em uma sessão de orações da forma como realizam os evangélicos ou os carismáticos se mobiliza uma energia psíquica considerável e se pode produzir um transe hipnótico coletivo. Nestas condições as sugestões transmitidas pelo dirigente vão alcançar diretamente o subconsciente dos participantes e podem produzir resultados como mudanças de comportamento nos adictos, por exemplo, e mesmo outras respostas favoráveis em doenças físicas. A questão é que normalmente os efeitos não serão duradouros, se não se logrou atuar sobre a causa.

E o mais importante, como o foco não está na pessoa que realizou a mudança, não é mérito dela, mas o resultado de "uma graça alcançada" e por intercedência do pastor. Assim se perpetua o vínculo e a dependência.

O que eu tenho dificuldade para acreditar é que eles verdadeiramente acreditem naquilo que pregam, pois há uma contradição básica na sua atitude: falam todo o tempo de pecado e castigo. Será que não reconhecem nas suas ações e de acordo com a sua mesma lógica a maior das heresias que seria utilizar o nome de Deus para manipular e explorar as pessoas? Pode ser até que alguns desses pregadores não tenham consciência plena daquilo que fazem e também sejam utilizados neste jogo. Mas, com certeza, as mais altas hierarquias dos distintos cultos jogam o jogo tendo muita clareza das suas regras. Se pode constatar historicamente como as religiões buscaram estar ao lado do poder do Estado compartilhando, compactuando, convalidando as estruturas hierárquicas de poder e usufruindo das benesses que este proporcionava. O Estado, por sua vez, usando as religiões conta com mais facilidade para manter o povo sob um relativo controle. Um interesse mútuo e muito conveniente a ambas as partes.

Eu não estou considerando aqui se esta maneira de atuar dos religiosos ou das religiões é boa ou ruim, certa ou errada. Estou apresentando o meu ponto de vista a respeito, e propondo que as pessoas se disponham a olhar de um outro ângulo estas práticas. Cada atitude ou ação que o ser humano assume ou realiza vai produzir um resultado de acordo com a lei básica da natureza do semear e colher e cabe a cada pessoa colher os seus de acordo com a semeadura que fez. O que é importante é ter *clareza* e *consciência* da escolha que está se fazendo a cada momento.

Ainda com respeito à religião vou expor aqui a compreensão que tenho a respeito. O termo religião vem de *religare (re-ligar),* ou seja, ligar novamente. Que dá a ideia de que estamos desligados, que necessitamos fazer uma conexão, e fazemos a ideia ou a imagem de estender um cabo, um fio ou de alguma maneira fazer uma ligação, uma conexão com Deus. Ora, vamos fazer uma reflexão: todas as religiões nos apresentam Deus como sendo o Todo, o Criador, a Consciência Cósmica ou a Consciência Universal. Se eu aceito esta concepção, é muito mais simples eu me dar conta de que nunca estive desconectado, que não há possibilidade de se desconectar, de estar fora do todo, já que sou parte dele. Se eu nunca estive desligado eu não preciso me *RE-LIGAR*.

Todas as religiões dizem que somos filhos de Deus. Logo, por coerência, se sou filho de Deus eu sou divino e estou conectado com o Pai, e não necessito de ninguém para intermediar esta relação.

Esta é uma maneira de olhar que eu considero fundamental para resgatar no ser humano o seu valor, a sua auto-estima, a sua cidadania, e sua plena *identidade* como um ser livre e divino que é. É somente nesta condição que vai poder estabelecer uma relação sadia, de harmonia, liberdade, plenitude e respeito para com o seu semelhante, com a natureza e com o universo. É sim uma relação de interdependência, de intercâmbio, de interação (inter-ação) e que vai se dar em equilíbrio e *harmonia,* que é outra lei básica do universo.

Krishnamurti, conhecido mestre espiritual, em sua sabedoria, fala da futilidade e inutilidade da busca de conhecimento do "incognoscível", que temos "uma mente religiosa" capaz de reconhecer diretamente o sagrado ao invés de se enredar em dogmas religiosos. Em outras palavras, não faz sentido querermos entender a Deus intelectualmente com a lógica e racionalidades com que manejamos a ciência. Podemos sim recuperar a criança que temos dentro de nós e o encantamento ao olhar a natureza, na beleza de uma flor, na imensidão do mar, na graça do voo de uma borboleta, no movimento hipnótico das chamas de uma lareira ou no movimento e ruído fascinantes de uma cachoeira. Mergulhando plenamente em cada uma destas vivências podemos experimentar e reconhecer o divino, o sagrado de estar em comunhão com o Todo.

A meditação nos permite entrar em um estado de consciência que nos leva ao autoconhecimento. É uma prática que é recomendável que incorporemos em nossa rotina diária reservando de dez a vinte minutos para este exercício. Em pouco tempo você pode sentir os resultados.

"Nós conhecemos o mundo exterior de sensações e ações, mas do nosso mundo interior de pensamentos e sentimentos, nós conhecemos muito pouco. O objetivo primário da meditação é que nos tornemos conscientes e que nos familiarizemos com a nossa vida interior. O objetivo final é alcançar a fonte da vida e da consciência". Nisargadatta Maharaj, mestre indiano.

Ainda em relação às religiões, há um tema que considero muito importante, que é muito valorizado em todos os cultos, e tem uma transcendência em todo o mecanismo de funcionamento das religiões na relação com as massas ou com o "rebanho" como são chamados os seus fiéis: é a questão do *PERDÃO,* que merece ser revisitado.

Considero fantástica a capacidade das pessoas que foram engendrando este processo que assume um caráter tão subliminar, que é muito difícil alcançar a sua lógica para poder se dar conta do jogo.

Entendo que para poder perdoar a alguém ou a mim mesmo, primeiro eu preciso *julgar* e, ao julgar, chegar à conclusão de que foi cometido um *erro* e mais ainda preciso me colocar em uma *posição superior*, de condescendência, assumindo que sou bom (e o outro é/foi mau, ou eu fui mau) e posso então conceder ou conceder-me o perdão.

Primeiro, que já tratamos dos conceitos de certo e errado e com que valores e juízos estaríamos julgando.

Segundo, que já estaríamos "cometendo um pecado" ao transgredir um mandamento bíblico: "Não julgue, para que não sejais julgados" (Mateus 7:1).

Terceiro, que eu considero muito mais importante é *compreender e aceitar* a atitude do outro ou mesmo minha atitude na lógica de que *cada um só pode dar aquilo que tem* e que eu fiz ou ele fez da melhor maneira que sabia ou podia naquele momento. Portanto não cabe culpa ou pecado e sim a responsabilidade pelo resultado que, queiramos ou não a natureza em algum momento nos apresentará a conta. Não é justo pagar duas vezes a mesma conta: assumir o resultado e ainda sofrer por (expiar) uma culpa.

Com certeza, tenho todo o direito de não gostar do *resultado* que está aí. E eu só estou esperneando porque não gostei do resultado (não é divertido olhar de fora a situação?). Se for uma coisa minha, posso compreender, aceitar e aprender com o fato. Se for com relação ao outro, compreender, aceitar e, se for o caso, *escolher* me afastar desta pessoa.

É o meu entendimento: a compreensão e aceitação vão muito além do perdão e para mim aqui está a verdadeira *COMPAIXÃO*.

Aqui podemos trabalhar um pouco o tema: LIBERDADE.

Comecemos por analisar a maneira como se coloca este assunto: normalmente se fala em lutar pela liberdade, conquistar a liberdade, defender a liberdade, ou seja, sempre a partir da lógica de que a liberdade está fora de você e há que alcançá-la, apreendê-la. Foi assim que nos ensinaram e foi assim que aprendemos. Este é o conceito que está internalizado e estamos condicionados e programados para atuar desta maneira.

Podemos, entretanto, olhar de outro ponto de vista, a partir de outra lógica, de outra compreensão e mudar esta programação. O que precisamos é *dar-nos conta* de que a liberdade está dentro de cada um de nós e tudo o que necessitamos fazer é experimentá-la, vivenciá-la e desfrutá-la com plenitude. Na prática não necessitamos buscar nada fora de nós mesmos. Não dependemos de ninguém e ninguém pode nos conceder liberdade. Ela já é nossa.

É claro que somos seres de relação, estamos em contato e convivendo com pessoas, seja em nosso ambiente familiar, de trabalho ou social. Em cada uma destas situações existem regras que vão estabelecer um modelo próprio de convivência em cada ambiente e isto vai ocorrer de acordo com o contexto histórico e cultural em que estamos inseridos. É um processo dinâmico e que se altera de uma família para outra, de um local de trabalho para outro e em cada ambiente social.

É importante compreender que no momento em que *escolhemos* fazer parte de um determinado grupo estamos implicitamente aceitando as regras deste grupo. Com certeza podemos atuar no sentido de propor novas regras, de negociar novas atitudes naquilo que a nosso ver podem ser mudadas ou melhoradas. E, eu disse *propor,* porque a tentativa de *impor* sempre vai gerar resistências e maiores dificuldades para se conseguir o objetivo.

A nossa liberdade está em *escolher* o ambiente em que queremos conviver. É claro, que com relação a nossa família até um determinado momento somos dependentes economicamente e afetivamente o somos por toda a vida. A primeira liberdade que podemos conseguir é a liberdade financeira, o autoprover-se. Neste modelo cultural em que vivemos, quem paga a conta manda. O que até certo ponto tem a sua lógica e justiça. Como filho eu posso *querer* tudo o que eu imaginar: as melhores roupas, grandes viagens, o meu carro e ainda uma boa mesada para fazer boas festas. Mas, quem disse que é *obrigação* de meus pais me proverem de tudo isso? É lógico que na boa convivência, e se eles têm as condições podem me conceder todas estas regalias. Mas como *opção* deles, nunca como *obrigação*. Eu brinco com a história de que hoje os adolescentes ainda se consideram condescendentes... Concedem aos adultos o privilégio de servi-los. Há uma grande parte de adultos que fala, protesta e reclama, mas serve. Eu digo que eles têm todo o direito de pedir ou de exigir. E eu tenho todo o direito de não fazer, se não me convém.

Até poucas décadas atrás, na sociedade agrícola os adolescentes eram preparados para, muito cedo, cuidar de suas vidas. O homem aos 17 ou 18 anos já havia aprendido a plantar sua roça, a cuidar dos animais, ganhava o seu pedaço de terra e se tornava independe. A mulher aos 15 ou 16 anos já havia aprendido todas as tarefas domésticas: cuidar da casa e de crianças, porque normalmente tinha muitos irmãos, e estava pronta para casar. E casava mesmo. Uma moça que chegava aos 19 ou 20 anos sem casar já era considerada uma solteirona. A repressão sexual, pelos padrões morais da época, era um fator ponderável no casamento precoce.

Hoje, na sociedade pós-industrial, com a liberação sexual, com acesso mais amplo ao ensino universitário, o adolescente entra para a faculdade e depois para especialização ou pós-graduação e muitas vezes até cerca dos 30 anos ainda depende financeiramente dos pais. É uma adolescência prolongada.

Não estou entrando no mérito se é uma coisa boa ou não, simplesmente constatando uma realidade social. Cada situação tem o seu preço, têm vantagens e desvantagens.

O preço de estar na casa dos pais e desfrutar das regalias e mordomias, do colo da mamãe e das finanças do papai (e agora da mamãe também) é o de aceitar as regras que eles estabelecem e as limitações que isto pode representar para você. O preço para você estabelecer as suas próprias regras e ter a sua liberdade total é o de ter o seu lugar para morar, autoprover-se, ter o seu trabalho e a sua independência financeira que é a primeira condição para a liberdade.

Com relação ao seu trabalho sempre vai ser uma questão de escolha, de eleição. Eu costumo dizer que a gente faz as coisas por duas razões básicas: porque *gosta* ou porque *precisa*. O mais adequado é buscar sempre conciliar estas duas coisas, buscar um trabalho em uma área que você gosta, que lhe dá prazer, que lhe proporciona um crescimento como ser humano e como profissional, ao mesmo tempo em que supre suas necessidades. Aí também há um preço, você pode até aceitar um trabalho que não preencha todas estas condições, mas que neste momento atenda às suas necessidades e seguir buscando aquele que você idealiza. Pode fazer isto de uma maneira consciente, aceitando as regras do jogo, sem sofrimentos e com a clareza de que você pode encontrar aquilo que quer. Porque este ou aquele tipo de trabalho não é problema, mas você pode *gerar* um problema pelo fato de *não aceitar* esta situação. A questão não está no exterior, mas dentro de você, na *atitude* que *você* assume nesta relação com o trabalho.

Este princípio, de trazer o *foco* para si mesmo é um princípio básico de vida. Você pode aplicar em todas as áreas de atuação, no ambiente familiar, no social, no laboral ou onde quer que esteja. É a maneira de resgatar a sua cidadania, a sua condição de SER HUMANO LIVRE, porque deixa de estar condicionado a expectativa do outro, quem quer que seja este outro. E você alcança esta condição simplesmente por uma mudança que *você* faz na sua atitude mental, na compreensão de mundo, na maneira de levar as relações, e de como *você pode escolher* se colocar nestas relações. E o mundo muda. É mágico. E simples. E o melhor de tudo: não depende de ninguém. Somente de você mesmo.

Outra abordagem a respeito das escolhas que fazemos é apresentada pela visão espiritualista e não somente a Espírita Kardecista, de que quando estamos nos preparando para o nascimento, ou para a encarnação, fazemos um planejamento e estabelecemos uma missão, e de acordo com o que necessitamos aprender, elegemos o contexto, a família e pessoas com quem vamos conviver. Este planejamento, conforme o nível de evolução do ser que vai reencarnar, é feito juntamente com os guias espirituais que podem influir nestas escolhas segundo as necessidades de aprendizagem daquele ser. É como nas escolas que passamos e que os professores nos colocam para estudar algumas matérias que não nos agradam nem um pouco... Mas que fazem parte do currículo.

Qualquer pessoa ou situação só tem sobre você o poder que você concede a ela.

Por toda uma história de poder e dominação trazemos culturalmente características de estarmos com a nossa atenção ou o nosso centro fora de nós mesmos, naquilo que nos cobra a sociedade, no papel que temos a desempenhar, na expectativa que colocam sobre nós (nossos pais, professores, companheiro ou companheira ou nossos filhos). Com isso vamos criando máscaras para representar um papel diante de cada situação, de cada exigência e nos distanciando cada vez mais dos nossos próprios desejos, da nossa própria vontade, do nosso centro. Vamos também acumulando frustrações, decepções, levantando barreiras como defesas, aprendendo com isso a reagir agressivamente para nos defender de um mundo que sentimos como hostil e agressivo. Este é o mundo que vamos construindo e por consequência aprendendo a duras penas a sobreviver neste contexto.

O que precisamos nos dar conta é de que nada que está fora de nós mesmos pode assustar-nos, intimidar-nos ou colocar-nos em situação de inferioridade se não o permitirmos. Se não aceitamos as imposições que nos são colocadas, então podemos decidir e escolher a atitude que queremos tomar.

Se compreendermos que o outro pode e vai pensar, dizer ou agir de acordo com os seus desejos, seus valores, suas crenças, enfim, com a sua história de vida e com o momento ou estado de sua evolução, podemos aceitá-lo tal como é. E aceitar a outra pessoa tal como é não quer dizer aceitar aquilo que ela diz ou faz. Esta é uma escolha que cabe a mim e devo fazê-lo com consciência do que me convém e do que não me convém, do que é bom para mim e do que não é.

O que acontece na maioria das vezes é que queremos mudar a atitude do outro para que não pense, não aja, ou não faça do jeito que está fazendo. E não há como conseguir isto.

Esta mudança de atitude é um resgate fundamental que podemos fazer na nossa relação com a vida. Trazer e centrar o foco em nós mesmos. Quando *eu* mudo, naturalmente os outros mudam, porque, como eu mudei a minha maneira de vê-los, de compreendê-los, a concepção que tenho deles, a realidade que passo a construir a respeito desta ou destas pessoas passa a ser outra e o seu comportamento para comigo muda, por consequência.

Estamos jogando um grande jogo. Somos nós mesmos os donos e diretores deste imenso palco e cada ator ou atriz que entra em cena faz parte desse jogo e está presente como um espelho para refletir algum aspecto interior que preciso transformar se não me agrada. Nada nem ninguém aparece no meu jogo por acaso, porque este é o meu universo, a minha história, sou eu que estou criando. As coisas que acontecem umas tantas vezes são por que *gosto* e umas tantas outras porque *necessito*. Necessito para o meu crescimento, para o meu aprendizado.

Neste contexto podemos incorporar a compreensão daquele provérbio oriental: *"O meu inimigo é o meu mestre"*.

Aquela pessoa ou aquela situação que neste momento me surge como uma situação adversa ou desagradável pode me levar a um grande crescimento, se eu assumir a atitude mental positiva de perguntar: o que eu preciso aprender com este fato? O que isto está espelhando para mim? O que eu fiz, ou deixei de fazer que gerou este resultado? Com esta reflexão, com estas perguntas colocadas naturalmente a resposta virá. Pode não ser exatamente neste momento, mas em um dado momento, como que por uma intuição ou por um *insight*, chega com clareza aquela resposta esperada. Como se diz popularmente: "Cai a ficha".

O que necessitamos é tão-somente estarmos abertos e receptivos, sem resistências nem julgamentos, simplesmente fluindo e deixando fluir. Assim o universo se encarrega de nos conduzir.

Aqui podemos compreender perfeitamente aquele princípio oriental da "não ação". A não ação não quer dizer ficar paralisado ou imobilizado. Quer dizer deixar fluir, ou "fluir na ordem do Tao", acompanhar a correnteza do rio, ou mais especificamente: *não criar resistência.* Temos o hábito de querermos ter controle sobre tudo que acontece, queremos que seja desta ou daquela maneira, queremos direcionar o resultado, queremos controlar o mecanismo e cada detalhe de como as coisas devem ser feitas. Esta tentativa nos acarreta, via de regra, um grande *stress*, um gasto de energia desnecessário, um nível de tensão pelo qual não necessitávamos passar. Quando conseguimos simplesmente soltar, colocar um objetivo, imaginar uma meta com o desejo de que aconteça na maior harmonia para nós mesmos, para os outros e para o universo, tudo se torna mais fácil. Somente isto: soltar. Deixar o universo se encarregar do "como".

Costumo brincar com a história de que uma grande parte das pessoas colocou um saco nas costas e está agarrado a ele, segurando com toda a força e vai ao longo do caminho, no dia-a-dia juntando pedras, umas pequenas outras médias e algumas bem grandes e colocando neste saco. Está arcado sob o peso, reclamando sempre, mas agarrado e a cada instante juntando mais. Na prática tudo o que precisaria fazer era **NADA**. Isto mesmo: **N A D A.** Simplesmente abrir a mão... Deixar de fazer todo o esforço que está fazendo para manter-se aferrado. Soltar... Simplesmente soltar... Parece ser o mais difícil de fazer...N A D A.

As pedras que colocamos no saco são os problemas que criamos. Isto mesmo: CRIAMOS... Costumo perguntar para as pessoas: onde você guarda seus PROBLEMAS? No bolso? Na bolsa? Na gaveta da escrivaninha ou da cômoda? Onde estão os seus problemas? E você vai se dar conta de que estão em sua cabeça.

Aqui vale a compreensão: *problema* ou você cria ou você não tem. É claro que você tem situações para serem resolvidas. Se você está vivo você já tem uma necessidade a ser atendida: comer, e tantas outras necessidades básicas. Você pode assumir que são exatamente assim: *situações a serem resolvidas.* O que é muito diferente de problema. Nós trazemos o conceito estabelecido em nosso subconsciente: problema é complicação, dificuldade, encrenca, enfim, sofrimento. Daí a importância de ter cuidado em escolher as palavras que usamos no nosso dia-a-dia, pelo poder que elas têm em plasmar a nossa realidade.

Se você aceita a condição de que estamos aqui para aprender e evoluir você pode aceitar que as *situações* que surgem em sua vida são exatamente para isto: *crescer, desenvolver-se, evoluir.*

Eu brinco com aquele exemplo de que se você hoje no seu trabalho teve um dia bem cômodo, com pouca atividade e o tempo inclusive demorou a passar: você gastou pouca energia esteve bem folgado, mas também aprendeu muito pouco neste dia.

Se, ao contrário, você teve um dia cheio de atividades: ao chegar recebeu uma tarefa daquelas cabeludas, teve que correr o dia todo para dar conta do recado. Você chega ao final do dia bem cansado, "nem viu o dia passar", o tempo voou, você teve que gastar muita energia neste dia. Mas pense em quanto você aprendeu, em quanta habilidade e conhecimento você incorporou e, com certeza, da próxima vez que receber uma tarefa destas, ela já não será tão cabeluda. Você já aprendeu um jeito de desempenhar esta atividade. É aquela lógica de que cada situação tem o seu custo e o seu benefício. É o preço. Mas, o mais importante é ter a consciência de que é o preço que *nós escolhemos* pagar.

Presente - Passado – Futuro

A concepção do tempo pode ter muitas abordagens, científicas, filosóficas ou religiosas. Em cada uma destas áreas vamos ter uma infinidade de interpretações de acordo com o momento em que está sendo feito o estudo, com o observador e com o paradigma que vai referenciar tal estudo.

Podemos ter a compreensão do tempo como uma criação mental, de que tudo é um eterno presente, pois como disse John O´Donohue em seu livro *Anan Cara – O amigo da alma*: "O tempo é a eternidade vivendo perigosamente", ou como dizia Platão: "O tempo é a imagem móvel da eternidade".

Fascina-me o desenho do símbolo do infinito:

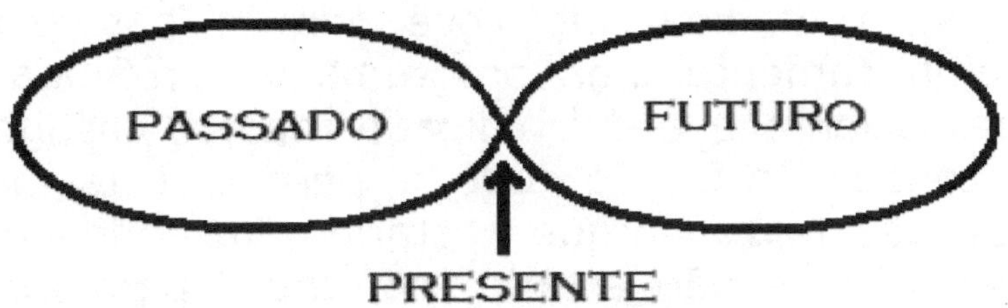

Temos todo um passado com sua história e seu conteúdo, um futuro e seu porvir e no átimo em que se tocam está a eternidade do presente.

Podemos trabalhar em qualquer destas perspectivas, mas vamos brincar aqui com a nossa compreensão cotidiana. Na prática nós temos uma maneira linear de perceber ou de vivenciar o tempo, imaginamos o passado como algo que já foi, que está atrás de nós. O presente como algo do aqui e agora e o futuro à nossa frente, projetado no devir. Mais tarde levantaremos outras perspectivas para observarmos o tempo.

Passado

Tudo que aconteceu até o momento é passado e existe somente na sua memória, da maneira que você viu, da forma como percebeu e como registrou o evento, o fato ou a situação. E, principalmente, a atitude mental que assumiu ao vivenciar tal situação. Se você assumiu uma atitude mental negativa você pode ter feito o registro deste evento como um evento negativo. A partir daí pode gerar culpa para você ou para os outros. À medida que você gera culpas aciona automaticamente uma programação profunda do subconsciente que diz: culpado merece castigo, e por consequência não pode se permitir estar bem, sentir-se feliz porque estaria "fazendo mais pecado", pois não estaria "sofrendo" para expiar suas culpas e "pagar seus pecados". Assim, vive sofrendo no varejo do dia-a-dia para não sofrer no atacado que seria a condenação "ao fogo do inferno" pela eternidade.

Esta é uma programação reforçada por todas as religiões, que há milênios estão martelando esta ideia na mente dos povos, perpetuando uma relação de dependência e dominação. Você pode alegar que não é religioso ou que não frequenta uma religião há muito tempo. Não importa, esta programação está armazenada em nosso subconsciente, na nossa memória atávica, fruto da nossa história e da nossa cultura. Procure analisar, no seu dia-a-dia, o quanto de fato você se permite estar bem. Procure lembrar agora de quantos provérbios populares você conhece que reforçam esta ideia: *"está bom demais para ser verdade"*, *"se melhorar estraga"*, *"se você riu muito na sexta-feira, vai chorar no sábado"* e você pode acrescentar alguns mais que não me ocorrem agora.

Aqui é que você pode fazer a opção de mudar a atitude mental: *"se melhorar, vai ficar melhor ainda"*, *"está bom demais, é verdade. E vai ficar melhor ainda"*, *"posso rir muito na sexta-feira. E no sábado, no domingo e pela semana inteira"*. Isto depende de você. Você pode fazer e começar uma mudança de atitude mental, uma programação que vai registrar em seu subconsciente uma nova ordem. Você pode estar bem e cada vez melhor. É um direito seu. Inalienável.

Ao assumir uma atitude mental construtiva na análise de um evento que você considera negativo do seu passado você pode se perguntar por que isto aconteceu? O que eu tinha ou tenho que aprender com esta experiência?

Vejamos o presente: o que está acontecendo neste momento, hoje é somente *resultado*. O que existe aqui e agora é resultado das condições que eu criei ou permiti que fossem criadas, portanto, não está acontecendo por acaso. É sim o resultado da minha história e logo é de minha responsabilidade. Se eu assim o compreendo e aceito, no momento em que estou examinando um evento do passado, também vou compreendê-lo e aceitá-lo como resultado, naquele momento, de situações ou condições que eu havia criado ou permitido que fossem criadas, logo, posso analisar com uma atitude mental positiva, construtiva ao me perguntar: *por que isto aconteceu*? E tratar de aprender com aquele evento ao invés de sofrer com ele. Ainda que eu não consiga, naquele momento, conscientemente, identificar a causa, a pergunta já foi colocada para o subconsciente e esta resposta em algum momento virá. Se, ao contrário, fico me lamentando, colocando culpas em mim ou em alguém, eu não aprendo com a situação, gero um sofrimento e, pior ainda, vou repetir e repetir as mesmas condições e, por conseguinte, gerar novamente o mesmo resultado. A natureza não tem pressa, pode-se repetir e repetir até aprender. É assim que funciona.

Futuro

O futuro, hoje, existe unicamente na sua imaginação, da maneira que você acredita que possa vir-a-ser. Se você olha para o futuro com atitude mental negativa, na prática você se preocupa ("pré-ocupa"), ou seja, ocupa-se antecipadamente com algo que ainda não aconteceu, mas que com esta atitude você está criando as condições para que aconteça desta maneira. Pior ainda, você o faz com sofrimento.

O mecanismo é exatamente o mesmo, se você assume uma atitude mental positiva pode programar aquilo que você espera, visualizar o resultado ou, melhor ainda, imaginar, afirmar para você mesmo que vai acontecer da melhor maneira. Assim você deixa em aberto para que o universo se encarregue de encaminhar para um melhor resultado que muitas vezes pode estar além daquilo que você imaginou a princípio. Então a possibilidade de um resultado construtivo se torna verdadeiramente concreta.

Presente

Isto é concreto, é o *aqui e agora*. É uma maneira de ver. Nesta perspectiva, tudo o que temos na prática no momento presente é resultado. Você vem fazendo as coisas de uma determinada maneira e produz este resultado, se você continuar fazendo as coisas da mesma maneira lá adiante vai ter naturalmente este mesmo resultado. Se, no entanto, alguma coisa nesse presente está acontecendo de uma maneira que o desagrada, para que você tenha outro resultado lá na frente precisa começar a fazer de outra maneira no presente. A grande maioria de nós fez o experimento na escola de colocar um grão de feijão sobre um algodão umedecido e com certeza observou que a plantinha que ali nascia era um pé de feijão. Certamente ninguém viu crescer ali um pé de milho ou de girassol, porque é assim que a natureza funciona.

A natureza não nos dá prêmio e nem castigo, simplesmente oferece um resultado.

E é o resultado daquela semente que plantei. Prêmio ou castigo é um julgamento que estou fazendo quando gosto ou não gosto do resultado. Na prática é só um resultado.

Esta compreensão nos dá a exata dimensão de que o nosso destino cada um de nós o constrói de acordo com as ações que realizamos. Isto por um lado nos coloca com a responsabilidade total sobre a nossa vida, mas, ao mesmo tempo nos dá a consciência de uma liberdade plena e que não tem preço. Com esta consciência, não há mais como colocar em ninguém a responsabilidade sobre aquilo que acontece conosco. Alguém já disse que 10% do que acontece em nossa vida tem a ver com o que as outras pessoas fazem, inclusive aquilo que fazem para nós, mas 90% têm a ver com o que eu faço com aquilo que as outras pessoas fizeram.

Com frequência as pessoas condicionam a sua possibilidade de ser feliz com a perspectiva de ter muito dinheiro, de ter bens materiais, de estar com esta ou com aquela pessoa, de que esta pessoa esteja agindo desta ou daquela maneira. É lógico que a estabilidade material é importante. É lógico que é muito bom ter conforto, ter aquela casa, ter aquele carro dos seus sonhos. Mas isto, com certeza, é muito mais consequência do que causa. É a mudança de atitude mental para o estado receptivo, de harmonia, e de paz interior que propicia que as coisas fluam com naturalidade, inclusive os bens materiais.

Cada um de nós conhece, com certeza, pessoas que estão muito bem financeiramente, economicamente, mas que têm uma má qualidade de vida, vivem infelizes. Aí novamente as duas palavras-chave: *compreensão e aceitação*.

E, então, poderemos *"aceitar o presente como um presente"*.

Compreendendo e Solucionando o Medo

Se olharmos de um ponto de vista, o medo é uma reação extremamente positiva, uma vez que assegurou a sobrevivência dos nossos ascendentes permitindo que a raça humana chegasse até os dias de hoje. Imagine você no tempo das cavernas a quantidade de animais com os quais se convivia e tantos deles predadores do ser humano. Quantas situações de risco e de perigo ele vivenciou, de quantas teve que se defender. O contato pleno com a natureza lhe permitia também sentir o seu magnífico poder, assim as intempéries como tempestades, raios e trovões também eram fontes de medos para os seres humanos primitivos que muitas vezes atribuíam estas manifestações a um deus zangado com alguma coisa que haviam feito ou que tinham deixado de fazer.

O medo aciona os mecanismos de defesa que nos preparam para fugir ou lutar. São registros que temos armazenado no nosso cérebro reptiliano, aquela área mais primitiva do nosso sistema nervoso.

Vamos entender um pouco melhor como isto funciona. Estamos programados primariamente para a busca do prazer e a evitação da dor. Dor esta em qualquer aspecto, seja afetiva, emocional ou física. Nossos sentidos captam os estímulos externos e os interpretam. Quando algum desses estímulos é sentido como uma situação de risco, ameaça ou perigo, todo o nosso sistema é estimulado a reagir no sentido de defender-se, seja fugindo ou lutando.

Observamos na natureza um princípio natural de economia de energia. Um predador vai buscar sempre empregar o mínimo de energia e obter o máximo de rendimento numa caçada, por isto busca normalmente o animal mais frágil do grupo, um filhote, um animal mais velho ou mesmo aquele que esteja ferido. Este é um princípio básico de sobrevivência e assim também reagimos instintivamente, fugimos se é possível ou lutamos se não há alternativa.

Trazemos estes registros ou condicionamentos em nossa base de dados, ou seja, em nossa memória, em nosso subconsciente, desenvolvidos e aprimorados durante todo nosso processo de evolução. O desenvolvimento e a urbanização mudaram nosso meio ambiente, já não vivemos em uma selva cheia de animais, mas este fato não eliminou estes antigos registros. A selva de pedra que é o nosso *habitat* de hoje apresenta outro modo de vida, outras relações, outros estímulos que também podem ser interpretados como situações de risco, de ameaça e de perigo que vão apertar a tecla e desencadear os mesmos mecanismos de defesa que trazemos armazenados.

No nosso dia-a-dia muitas vezes fazemos registros equivocados e tantas vezes atrapalhados de coisas, objetos, animais ou situações como se fossem de perigo, o que vai gerar reações desagradáveis que seriam até cômicas se não fossem tão terrivelmente sofridas na hora de vivenciar. Reações de medo, que quando vistas e analisadas racionalmente nos parecem tão ridículas, tais como: medo de uma barata, de uma rã, do escuro, de sair de casa sozinha, de andar no elevador, de altura, de andar de carro e uma infinidade de outros que cada um de vocês pode agregar a esta lista.

A nossa cultura baseada no paradigma da competição, da disputa e da luta nos apresenta uma maneira de lidar com o medo a partir desta lógica: temos que *enfrentar*, *superar*, *vencer* o medo, e para isso precisamos ter muita *coragem*.

Podemos ver esta mesma situação a partir de outra lógica. *Mais fácil do que vencer, superar ou enfrentar é não sentir medo*. Podemos alcançar este estado sim e nem é muito difícil. Para isso necessitamos compreender claramente o processo e reprogramar aqueles registros que nos provocam a reação de medo. Posso afirmar com toda a tranquilidade: eu não sinto medo de nada ou de ninguém. Neste ponto é importante esclarecer que de fato não necessitamos sentir medo nenhum, precisamos é aprender a respeitar nossos limites. Vamos ver alguns exemplos:

• Eu não preciso sentir medo do mar. Eu preciso sim é ter consciência da minha habilidade como nadador, saber avaliar as condições do mar no momento de entrar na água. Os surfistas ou os salva-vidas enfrentam condições de mar que com certeza eu não tenho a habilidade para fazê-lo.

• Eu não preciso sentir medo de um animal, seja um cachorro, uma cobra ou outro bicho. Eu preciso sim é respeitar o seu espaço e também a minha habilidade para lidar com eles. Um animal não ataca por atacar, normalmente está defendendo o seu espaço ou se defendendo por sentir-se ameaçado. Um treinador lida com cães ferozes porque aprendeu a fazer isto.

• Pessoas que manejam com facilidade e muito cuidado as cobras venenosas para tirar-lhes o veneno e produzir os soros conhecem o risco, respeitam o animal e podem desempenhar seu trabalho com eficiência. Normalmente você vai ouvir destas pessoas histórias muito interessantes, relatam que muitas vezes já aconteceram acidentes, que já foram mordidas ou picadas, que gostam de fazer este trabalho e principalmente um detalhe: *têm respeito*, mas *não têm medo.*

É muito importante dar-nos conta de que muitas vezes usamos este termo MEDO para expressar outra reação que não é exatamente medo. Muitas vezes em relação a uma barata, aranha, rã ou rato, por exemplo, é muito mais um sentimento de asco, de nojo do que propriamente medo.

Assim ao trabalhar/elaborar esta situação de uma maneira consciente e principalmente deixar de repetir para si ou verbalizar "tenho medo" mas, ao contrário, fornecer à sua base de dados uma informação clara, construtiva e lógica, de que é calmo, seguro, confiante, de que pode ([...] *cada um constrói aqui a frase que corresponda à situação que quer modificar*).

Você pode observar como muda a sua reação. E logicamente há que se dispor a fazer este exercício, porque muitas vezes a pessoa se recusa a pensar sobre o assunto e segue alimentando as mesmas reações. É uma *escolha* que cada um pode fazer.

O que é
Decepção – Frustração - Desilusão

A decepção ou a frustração são sentimentos frequentemente vivenciados pelas pessoas e que ferem profundamente. São origem de sofrimentos importantes, e não raro trazem junto a mágoa e o ressentimento. Quando se decepcionam com a atitude da outra pessoa ficam ressentidas, magoadas, com raiva, podem alimentar esta raiva até transformá-la em ódio, que ficam ruminando por longo tempo, às vezes pelo resto da vida.

Evidentemente que na sua lógica a culpa é sempre do outro. Ou porque alguém fez alguma coisa "errada", ou porque deixou de fazer aquilo que tanto esperava que fizesse. Como disse alguém: "Errar é humano, mas encontrar alguém em quem colocar a culpa é mais humano ainda".

Na prática, *A DECEPÇÃO OU A FRUSTRAÇÃO NÃO TEM NADA A VER COM A OUTRA PESSOA.*

Vamos refletir um pouco sobre esta questão e buscar entender como se dá este processo.

Por exemplo, o namorado ou namorada que espera que o outro lhe telefone ou o convide para aquela festinha que vai rolar no fim de semana e o outro não chama. Ou a tradicional situação em que a mulher está esperando que o marido lembre aquela "data especial" do primeiro dia que se encontraram, o aniversário daquele dia especial, do primeiro beijo, e ele nem se dá conta, estava muito "ocupado" com as preocupações sobre o seu trabalho ou entusiasmado com o seu time de futebol que vai jogar no fim de semana ou muito chateado porque o seu time perdeu para o maior rival e seus amigos não estavam perdendo a oportunidade para a tradicional gozação. Estava em outro canal. Assim, a sua atitude não tinha nada a ver com a sua relação com a esposa. Simplesmente neste momento estavam funcionando em canais diferentes, não havia comunicação. Para ela, porém, ficou a grande decepção.

Brincando com estes exemplos, que cada um pode adaptar para sua vida diária e fazer um paralelo com tantas situações que já pode ter vivenciado, o que eu quero caracterizar e reforçar é que a nossa decepção ou frustração, na prática, não está relacionada diretamente com a atitude da outra pessoa e sim com a expectativa que *nós* criamos do *que* ou de *como* o outro deveria ter agido. E o que acontece é que normalmente o outro não tem a menor ideia desta expectativa. Queremos que o outro faça isto ou aquilo, mas, mais do que isto queremos que o outro "adivinhe", ou "saiba" o que eu queria, e nos sentimos muito mal porque não acontece o que esperávamos.

Para o namorado ou a namorada o outro *deveria* saber que eu estou esperando o seu telefonema. "Como ele ou ela não se dá conta do quanto eu estava esperando esta ligação?" Para a esposa parece absurdo que o marido não se dê conta de como aquela data era importante para ela, afinal foi um momento tão especial na história do seu romance.

O fundamental é dar-nos conta de que neste processo tudo se passou em nossa mente: *Fui eu* que criei a expectativa, *fui eu* que fiz a fantasia de como as coisas deveriam acontecer e como não aconteceu o que eu esperava, *sou eu* que estou gerando a reação de *frustração ou decepção* bem como a raiva, mágoa ou ressentimento, se eu ficar ruminando aquela situação. O outro, na maioria das vezes nem tomou conhecimento do fato ou somente sentiu o *efeito* numa resposta grosseira, num gesto brusco, numa cara feia que não tem nem ideia do motivo para tanto aborrecimento.

É provável que se eu tivesse me expressado, se tivesse dito o que eu queria ou como eu gostaria que o outro agisse, ele/a teria feito sem nenhum problema. Ou poderia ter me dado uma resposta ou uma justificativa que me deixaria satisfeito sem necessidade de gerar todo o drama que foi gerado.

Ou ainda dar-me conta de que a minha *cobrança* nem tem razão de ser. Por que a outra pessoa *tem que fazer* alguma coisa que não gosta ou que talvez nem saiba como fazer simplesmente porque *eu* quero?

Finalmente, o que proponho é uma tomada de consciência de como se dá este processo, a compreensão do mecanismo e do fato é que pode levar a uma mudança de atitude. Isto mesmo, o que muda é a *atitude*, a consciência de que *eu* posso *escolher* entre uma e outra maneira de agir:

• Aceitar que a história é minha, que a expectativa é minha e, portanto, a responsabilidade também é minha. Com isto não gero *culpas* nem para mim nem para o outro.

• Ou seguir ruminando a situação, fazendo um drama e criando uma confusão.

Compreender que seguir alimentando a mágoa, o ressentimento, a raiva é estar tomando veneno à espera que o outro morra.

Magoa é má água, e aqui vale a pena trazer aquele experimento com a água realizado por Masaru Emoto, um pesquisador japonês, sobre o efeito de determinados sons, das palavras e dos sentimentos sobre a estrutura molecular da água. Este relato circulou na Internet e aparece no filme *Quem somos nós?*

A técnica consiste em expor a água a esses agentes, congelá-la e depois fotografar os cristais que se formam com o congelamento.

Colocaremos algumas das imagens captadas relacionadas com cada situação:

Molécula de água no "nascimento", ou seja, na saída da nascente.

Molécula de água de um rio poluído

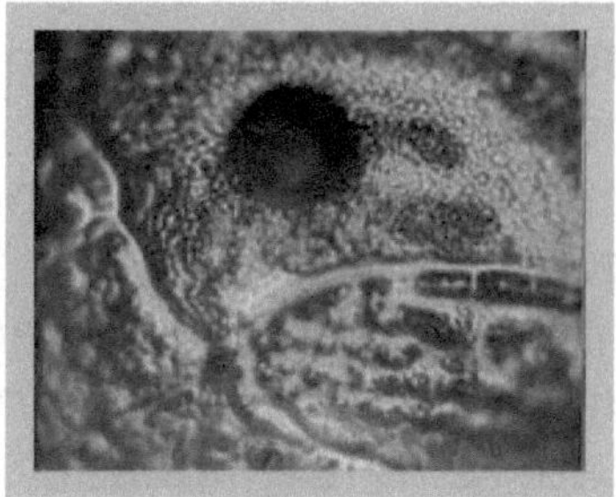

Molécula <u>antes</u> do som de uma oração

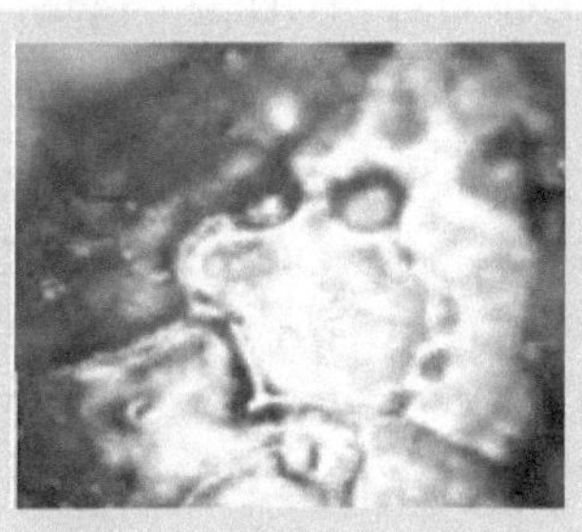

Molécula <u>depois</u> do som de uma oração

Molécula de água exposta à energia do som da Ária para corda em Sol, de Bach

A mesma molécula de água exposta ao som de um Rock Heavy Metal

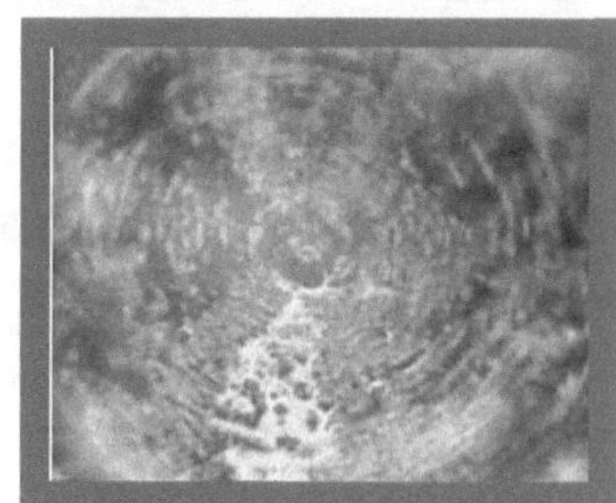

121

Este experimento bastante divulgado pode nos dar uma ideia de como nos afetam os nossos pensamentos, sentimentos e emoções. Se você pensar que 70 % do nosso organismo é composto por água pode imaginar em que condições ficamos quando alimentamos pensamentos de desarmonia como raiva, ressentimentos, ódios. Daí a importância de *escolhermos* nossos pensamentos. Este é o significado da mensagem *vigiai e orai*. Não quer dizer que não venham pensamentos ou sentimentos negativos, mas que podemos dar-nos conta e não seguir alimentando-os, mudar para uma atitude mental de harmonia e de amor.

Se alguém agiu com você de uma maneira que o desagradou é muito certamente porque esta pessoa já estava mal, em desarmonia com ela mesma e na prática tudo o que necessita é uma atitude de compreensão, de amor e de compaixão para harmonizar-se. Se ao contrário emitimos para ela pensamentos de raiva, ódio, ciúmes, mágoa ou ressentimento o que estamos fazendo é alimentar o círculo vicioso e tornar ainda mais difícil a sua recuperação.

Não quero dizer que isto seja assim tão fácil de fazer porque a nossa programação natural é a reação de defesa e nos defendemos agredindo porque nos sentimos agredidos. Mas é um exercício importante e necessário para romper o círculo, porque violência gera violência. É antes de tudo uma tomada de consciência deste mecanismo e de como podemos atuar para modificar os resultados. É uma consciência do *quê* ou de *como* queremos conduzir a nossa vida e de que resultados queremos obter. É uma semente que estamos plantando. É a nossa parte de responsabilidade nas mudanças que desejamos.

Queremos mudar o mundo esperando que o outro mude, mas isto nunca vai acontecer se esta mudança não começar em nós mesmos num primeiro momento. Esta possibilidade está ao nosso alcance; é o que podemos fazer. Hoje, no aqui e agora, com as pessoas que estão mais próximas, em nossa família, com nosso companheiro ou companheira de jornada, com nossos filhos, no ambiente de trabalho, com nossos amigos e conhecidos. É como aquela pedra que cai no centro de um lago e vai formando aqueles círculos concêntricos de ondas que vão se ampliando e ampliando até atingir todo o lago. E mais ainda, porque o efeito é multiplicador.

Quando você age com uma pessoa de uma maneira diferente do que ela está acostumada, isto impacta. Chama a atenção. De repente ela pode dar-se conta de que ela também pode fazer, que também pode mudar.

É importante ressaltar que ao nos propormos fazer o exercício de interagir com as pessoas de uma maneira harmoniosa *estamos fazendo por nós mesmos*, para a nossa evolução, para o nosso crescimento interior como seres humanos, e que o resultado que pode advir para o outro se dará por extensão e de acordo com a história de vida e grau de evolução de cada um. O que não nos cabe é cobrar mudanças de atitude de ninguém, porque então estaremos entrando num outro terreno, tentando interferir em um processo que não é nosso. Aí pode estar acontecendo algum tipo de julgamento. Por isto o cuidado de mantermos o foco em nós mesmos, no nosso processo.

Quando insisto em *manter o foco em si mesmo,* se pode questionar: Isto não é egoísmo? E o outro? E eu posso afirmar com segurança:

"O melhor que você pode fazer pelo outro é fazer o máximo por si mesmo".

E esclareço: se cada um fizer o máximo por si mesmo não vai depender do outro, vai é claro poder estabelecer uma relação de troca, de intercambio e que se complementam em equilíbrio. Aí já não há dependência ou dominação. É aqui que se rompe este ciclo de poder.

Quando um avião começa a se movimentar para decolar a aeromoça orienta os passageiros para casos de emergência, fala sobre a localização das portas e diz ainda "se a cabina se despressurizar pegue a máscara de oxigênio que vai cair em sua frente e coloque sobre o nariz. Se estiver com uma criança, coloque *primeiro em você"*. Com certeza que não é por egoísmo, simplesmente porque você precisa estar vivo, e *bem*, para poder ajudar ao outro.

O mandato é "Amai ao próximo, *como a ti mesmo"*.

Imagine que cada um ao fazer o máximo por si mesmo estará numa condição muito mais adequada para uma relação saudável, de verdadeira troca com o outro, sem dependências e sem colocar-se no papel de vítima.

Outra fonte importante de sofrimento do ser humano é a *DESILUSÃO*. Eu já atendi muitas pessoas, principalmente mulheres, que relatam suas histórias para dizer de uma grande desilusão sofrida, frequentemente relacionada a um caso amoroso. E ao término da história eu as cumprimento efusivamente, lhes dou os parabéns, e lhes digo: que coisa boa que as coisas aconteceram desta maneira. Olham-me surpresas, algumas até um tanto indignadas. Como eu posso lhes dizer uma coisa destas diante de toda a tristeza que estão sentindo?

Aí é o momento de fazer uma reinterpretação dos fatos. Provocar um impacto ou um choque com esta atitude de felicitações é uma boa técnica para tirar a pessoa daquela condição de vítima. Muito importante também é entender que tudo o que estava vivenciando, a maneira como havia idealizado aquela pessoa, o que esperava dela estava absolutamente correto.

E quantos de vocês, leitores, viveram pessoalmente uma experiência destas ou já presenciaram o caso de uma amiga, amigo ou de um familiar, em que todos estão vendo que aquele relacionamento não tem como ser uma relação de harmonia, de equilíbrio. Veem o comportamento inadequado do parceiro ou parceira, a sua atitude de mentiras e enganos, de não valorizar e respeitar a outra. Somente a pessoa envolvida não enxerga.

Por isto, ao trabalhar com uma situação destas é necessário levar a pessoa a esta compreensão. Ela estava totalmente certa. Daquele ângulo que estava olhando. Como estava tão envolvida, como queria ou necessitava muito daquela relação *"não podia"* ver nada do que lhe diziam que acontecia. E foi construindo uma grande *ILUSÃO*.

É um mecanismo lógico de defesa. É a famosa situação do parceiro ou parceira que, sendo enganado, é sempre o *último a saber*. E acontece de fato desta maneira porque para cada atitude que você assume há um preço a pagar. Se você assumir que "sabe" você precisa tomar uma atitude para resolver a situação, que no mais das vezes é para dar uma "resposta à sociedade", mas se você não "sabe" as coisas podem continuar do jeito que estão. E, é claro, você está pagando um preço para manter as coisas como estão. Normalmente, de fato a pessoa não tomou consciência da situação. Nunca quis "pensar" no caso, ainda que "lá no fundo" sempre soubesse, como costuma reconhecer depois. São as escolhas que se faz de viver no *faz-de-conta*.

Então, voltando para o nosso caso, este dar-se conta e aceitar olhar de outra maneira aquele fato podem levar a mudar totalmente o *sentimento* que vinha alimentando. De um sofrimento por uma DESILUSÃO passa a ter a clareza de quanto *é bom e positivo* deixar de viver *iludido*.

Chega à compreensão de que na prática a pessoa sempre foi do jeito que é, e que *cada um só pode dar aquilo que tem.*

Outro ponto importante é compreender que a ilusão foi você que criou, que aquela pessoa que você idealizou não está incorporada neste personagem com quem você estava se relacionando. De que não há culpa neste enredo, nem sua nem do outro, ainda que o outro tenha contado algumas estórias para você, foi você que *escolheu* aceitar ou acreditar. Tendo muito clara e esclarecida toda esta situação, também é uma *escolha:* você quer *conscientemente* continuar esta relação, sem nenhum faz-de-conta? Ou sair dela e ir cuidar de sua vida do seu jeito? Agora a decisão é sua. E plenamente amadurecida.

Auto-Estima - Autoconfiança - Segurança

A auto-estima, a autoconfiança e a segurança interior são condições fundamentais para o ser humano estabelecer uma relação de harmonia e de equilíbrio consigo mesmo, com as pessoas que o cercam e com o mundo.

Auto-estima significa a consideração e o apreço que a pessoa tem por si mesma, o quanto valoriza as suas qualidades. Estimar significa avaliar, apreciar e também gostar, ter afeição. Vamos esmiuçar um pouco mais o significado destas palavras. *Avaliar* significa calcular o valor de alguma coisa e também medir os conhecimentos e aptidões de uma pessoa. *Apreciar* significa colocar preço em alguma coisa, graduar o valor ou o mérito de alguma coisa ou de uma pessoa.

Então, quando falamos em auto-estima estamos falando, mesmo que de uma maneira não consciente, de medir o potencial, as reservas, as capacidades e as habilidades que temos para dar conta das demandas e exigências que a vida nos apresenta. E por que no final das contas isto tem tanta importância? Por que as pessoas valorizam tanto esta condição? Simplesmente, porque o que está em jogo é a nossa sobrevivência.

Se não temos conhecimento e habilidade para atender as nossas necessidades básicas não temos como sobreviver, e isto no nível físico. No nível afetivo e emocional também necessitamos desenvolver habilidades e capacidades para manejar situações que vivenciamos e estabelecer nossas relações de uma maneira equilibrada e harmônica para evitar as dores e sofrimentos dos relacionamentos desastrados sejam eles familiares, de trabalho ou sociais.

A auto-estima se refere à imagem que a pessoa tem de si mesma, e esta imagem ou auto-referência se começa a construir desde o momento da concepção. Uma gravidez programada, esperada, desejada e curtida vai proporcionar uma estabilidade afetiva, a segurança de ser amada.

Por outro lado, uma imagem negativa de si mesmo é, normalmente, construída por uma multiplicidade de fatores. Uma gravidez indesejada, quando fica armazenado um registro de rejeição, de que está no lugar errado e na hora errada, cria um campo muito fértil para atrair as situações que vão reforçar esta inadequação. São os esquemas mentais estabelecidos que naturalmente ao formar um padrão mental de um determinado modelo vai atrair outro padrão mental que lhe seja correspondente. A atitude mental de sentir-se rejeitado vai atrair pessoas que vão rejeitar, este é o mecanismo natural porque neste nível *semelhante* atrai o *semelhante*.

Uma família que além de não proporcionar um suporte afetivo o que faz é falar sempre da sua incapacidade, da sua fragilidade, comparando a sua falta de jeito com a habilidade e esperteza de outra, está registrando no subconsciente desta criança uma imagem negativa de si própria, está colando na sua testa um rótulo: *incompetente*. Quem já não viu ou ouviu um adulto pronunciando estas frases: "O seu irmão é que sabe fazer as coisas direito", "Você é um inútil mesmo", "Sua irmã é muito mais bonita que você", "Como você é desengonçada", "Você não é capaz de fazer nada certo?", "Como você é burro ou burra", e outras tantas frases do gênero? Estas frases repetidas e repetidas em casa, na escola nas brincadeiras com os colegas marcam definitivamente a vida desta pessoa. Como somos domesticados pela palavra, este vai ser o registro armazenado e é desta maneira que vai se sentir esta criança que mais tarde vai necessitar de muita terapia para conseguir se recuperar na vida.

É importante esclarecer que ao fazermos estas reflexões não há um sentido de julgamento ou condenação destes adultos, sejam pais, familiares ou professores. A lógica de que "Cada um só pode dar aquilo que tem" é básica para entender que, na prática, é isto que está acontecendo quando uma mãe está comparando um filho ou filha com outra criança: *só está dando aquilo que tem*. Pode até pensar que ao comparar está estimulando ou desafiando a criança para tentar fazer aquela tarefa ou pode ser aquela mãe que por suas próprias dificuldades na vida encontra na criança uma válvula de escape para descarregar suas raivas e frustrações. Um professor ou uma professora mal preparado para aquela função pode fazer danos tremendos a uma criança, que vão repercutir para o resto da sua vida se a situação não for trabalhada psicologicamente para mudar a imagem negativa construída neste processo.

Do mesmo modo, estes professores podem ajudar de maneira decisiva na formação de cidadãos livres e capazes de atuar de modo mais pleno e consciente em nossa sociedade.

A maneira de agir seja de pais, professores ou adultos que convivem com a criança está relacionada ao seu próprio estágio de evolução como ser humano, do grau de compreensão que já conseguiu alcançar. Não está relacionado com grau de instrução, porque tantas vezes vemos pessoas com alto grau de instrução agindo com os filhos ou com outras crianças de uma maneira distorcida, por exemplo, incutindo medos com ameaças do tipo: "O bicho-papão vem pegar você", "Vou deixar você no escuro", "A polícia vai te levar se você não fizer isto ou aquilo... ou se fizer...", "Tem um fantasma que vem buscar você", e por aí afora. Não tem a mínima noção do tremendo mal que estão fazendo. Pensem por um momento nos sustos, medos e terrores pelos quais pode passar uma criança com a sua fértil imaginação e criatividade e todas as fantasias que pode fazer com esta "riqueza" que lhe foi regalada.

Por outro lado podemos encontrar pessoas muito simples, com pouco ou nada de instrução, que têm uma sensibilidade, uma doçura e uma habilidade no trato com a criança que são fascinantes. São aquelas almas velhas.

Por falar em alma velha, também é importante compreender que neste processo há um mecanismo lógico, como tudo na natureza: para florescer precisa do *terreno* e da *semente,* ou seja, da *predisposição (pré-disposição)* e do *fator desencadeante.*

Você pode observar que muitas vezes em uma família com vários filhos, os pais têm um determinado *padrão mental* ou *comportamento* e isto vai repercutir de uma maneira diferente em cada filho. Descontadas as variáveis de que cada filho foi concebido e criado em momentos diferentes da vida do casal, com estados afetivos diferentes há, no entanto, um padrão geral que se mantém. E ainda assim a resposta de cada filho vai ser absolutamente pessoal, ou seja, ainda que a *semente* tenha a mesma "qualidade" o *terreno* vai ser diferente, vai ser único. Este *terreno* eu entendo como a história de vida, ou *das vidas* de cada um, o grau de evolução ou desenvolvimento que já alcançou este *ser* na sua longa jornada pela eternidade.

Para mim, a única maneira de compreender a diversidade da natureza humana, é através da aceitação de que estamos em etapas distintas da caminhada. Cada ser é único neste universo e ao mesmo tempo se encontra em estágio tão diferenciado, alguns numa relação sublime com o universo através das artes, por exemplo, enquanto outros têm uma relação tão primária e rude com violência extremada e brutal como vemos no nosso dia-a-dia. Não é que um seja melhor ou pior, simplesmente uns começaram mais cedo e já caminharam um pouco mais e outros estão iniciando a senda, mas no final das contas todos vão fazer o caminho completo. Logicamente que cada caminho também vai ser único e cada um vai fazer o seu.

Tanto mais fácil podemos tornar esta caminhada quanto mais *seguros* e *confiantes* estivermos. Daí que se *estimamos* que temos uma boa reserva de energia, bons instrumentos e ferramentas, um mapa bem atualizado com rotas disponíveis para uma escolha mais adequada e uma boa estratégia para levarmos a cabo o nosso "plano de voo", mais tranquilos vamos estar para empreender a jornada.

Esta pode ser uma boa maneira de fazer as coisas ou uma boa atitude, porque estamos tentando controlar uma série de variáveis. Mas se refletirmos um pouco mais, este ainda é um pensamento estruturado e estamos na lógica da tentativa de "controle", estamos funcionando dentro do paradigma do século XX, que já está com o seu prazo vencido, o paradigma cartesiano, da visão *Yang*, masculino, da rigidez, da lógica da dominação e do controle, do padrão da hierarquia vertical nas relações, da competição, da luta, da guerra, do poder.

Com a clareza de que na natureza o ponto de equilíbrio está sempre mais próximo do centro e de que para um extremo ou para o outro que eu vá, a tendência sempre vai ser de romper o equilíbrio, eu posso, em harmonia, buscar uma maneira nova de olhar e de fazer as coisas.

Posso escolher atuar de acordo com o paradigma do século XXI, da visão *yin,* do feminino, do fluir na ordem da Tao, do acompanhar a correnteza do rio, da flexibilidade, da lógica da liberdade e responsabilidade, da cooperação, da atitude amorosa, do padrão das relações como uma rede.

Com esta maneira de olhar posso me dar conta de que a referência está em mim e não lá fora. Que me sentir seguro tem a ver com a minha atitude mental de não conceder poder a ninguém ou a nada e não com o que o outro faz ou deixa de fazer, porque isto eu não posso controlar.

A minha segurança eu construo com a compreensão e aceitação de que sempre e a cada momento estou aprendendo e cada situação nova que me deparo vou manejar de acordo com o entendimento, com a habilidade e com o que aprendi até aqui e que vou fazê-lo da melhor maneira.

Esta flexibilidade é que desenvolve a *segurança interior* e que possibilita a *autoconfiança* na sua relação consigo mesmo, com as outras pessoas e com o mundo.

É importante refletir sobre os conceitos que nos foram incutidos de "PERFEITO" de "FAZER A COISA CERTA". Estas exigências de perfeccionismo dão origem à insegurança das pessoas, que é o medo de não fazer as coisas *direito*.

Culturalmente nos é passada a ideia que o ser humano é um ser imperfeito e a sua missão neste mundo é buscar ou alcançar a perfeição. Esta talvez seja a mensagem subliminar mais perversa plantada na mente humana, a que tenha mais poder neste processo de dominação e poder, porque o faz sentir como um ser incompleto, inacabado e no mais das vezes incompetente. Esta sensação de incompletude, de que falta algo, de uma insatisfação, de um vazio que não se preenche nunca mantém o ser humano num limiar de dependência de *algo* indefinido que está em algum lugar incerto e não sabido.

Primeiro, a ideia do *perfeito* como algo *acabado*, *pronto* a ser alcançado não faz sentido na natureza, onde tudo está em transformação permanente. Não existe nada, absolutamente nada na natureza que chegue num determinado ponto e pare aí e não mude, não se transforme mais.

Segundo, o que é *fazer a coisa certa?* Certo para quem? Vai estar sempre partindo de um julgamento e de acordo com os critérios, valores e crenças de quem está julgando. E este *fazer a coisa certa* tem a ver com os padrões culturais daquele grupo social, naquele momento histórico, por exemplo, que tal ir a praia em Ipanema com um biquíni "fio dental" na década de 50 no século passado? Ou qualquer outra situação ou atitude que você, leitor, pode imaginar neste momento e que chocaria a sua família ou a sua comunidade.

Outro ponto importante é a ideia de *SER* e *ESTAR.* Se eu digo que eu *sou* assim, isto fica subentendido uma condição fixa, rígida, enquanto que se eu *estou* assim a ideia é de transitoriedade, e é isto: *somos* transitórios. Estamos em um estado permanente de transitoriedade. Somos, como cantou Raul Seixas, uma metamorfose ambulante.

Então, com esta compreensão de que estou em um estado permanente de mudança, transformação, eu posso assumir efetivamente que eu *ESTOU PERFEITO,* de que tudo na natureza *está perfeito,* para este momento, para este nível ou estágio de evolução. Que no momento seguinte, no dia seguinte eu vou estar diferente, vou estar mudado, vou ter incorporado novos registros, novas informações, habilidades e conhecimentos.

Assim posso aceitar que eu *sempre faço a coisa certa,* à medida que eu *faço da melhor maneira que eu sei* naquele momento, com o melhor das minhas habilidades e capacidades. E ainda que o resultado não seja exatamente o esperado ou aquele que eu queria, eu aceito, aprendo, incorporo a informação e vou tratar de partir deste ponto para fazer de outra maneira para alcançar o resultado pretendido.

A partir desta lógica, o meu viver se desenvolve como um *processo,* que é absolutamente pessoal, interno, e que pode ser levado de uma forma amorosa, de auto-aceitação e, por consequência, auto-estima, autoconfiança e segurança interior. Estas condições vão propiciar a serenidade, paz interior e plenitude na relação consigo mesmo e a partir desta referência estabelecer uma relação de equilíbrio, de harmonia e de amor com o outro, com a natureza e com o universo.

Colocando em prática

Então, leitor e leitora, quero dizer que foi um grande prazer tê-los como companheiro e companheira no passeio que fizemos, revisitando estes diversos temas do nosso cotidiano e lhes dedicando uma olhada de um ângulo quiçá diferente daquele que você vê no seu dia-a-dia.

Você pode achar que está interessante, que tem lógica, que faz sentido tudo o que falamos até agora. Tudo bem, mas o que isto vai significar para você? Mais uma informação?

Se formos analisar, na prática, todos os mecanismos, na natureza, estão baseados na informação. E informação é um acúmulo de dados, que por si não resulta em nada. A diferença está em cada um de nós. O que se vai fazer com esta informação? Transformá-la em conhecimento? Ótimo, é mais uma etapa. Mas há muita gente com belíssimos discursos e que na hora de atuar ficam no: *façam o que eu digo, não façam o que eu faço*. Está bem. Também é mais uma etapa.

Entendo que o processo de internalização do conhecimento se dá desta forma:

FÉ =>   CONHECIMENTO =>   SABEDORIA

Num primeiro momento eu posso ter *fé*, acreditar naquilo que eu li ou que ouvi porque tenho uma boa referência daquela fonte. Mas é muito importante passar para a fase seguinte o *conhecimento,* quando vou buscar entender os mecanismos, a lógica, o porquê as coisas são ou funcionam daquela maneira.

No entanto, somente vou poder dizer: *eu sei,* quando tiver incorporado, me apropriado daquele conhecimento e fazendo, atuando de acordo com o ensinamento que adquiri. Neste sentido, entendo a *sabedoria* como a aplicação prática do conhecimento, de maneira harmoniosa e construtiva.

O processo de aquisição funciona por etapas, vamos incorporando progressivamente as atitudes aprendidas. Às vezes você encontra profissionais excelentes e bem-sucedidos que têm grandes dificuldades na vida familiar, porque ainda não conseguem trazer para a vida pessoal aquelas mesmas habilidades que usam no seu trabalho. São os passos do processo e os tempos de cada um, há que respeitá-los.

Mais do que levar a informação, eu quero me comunicar com você.

A comunicação vai além da simples troca de informação, gera uma empatia, utiliza múltiplas linguagens. Estabelece um campo de energia que conecta os participantes, tem fluxo recíproco que inevitavelmente os leva a uma transformação. Flui algo mais que somente dados. Nesta conexão não-local, tenho consciência que cada um de vocês vai me aportar algo e que vamos transformar um ao outro e crescermos juntos.

Quando transformamos o conhecimento em sabedoria, ganhamos a grande riqueza que ninguém nos pode tirar. E quanto mais repartimos mais temos. É como o amor.

Na vida é muito importante assumir uma atitude de *flexibilidade.* Como o rio tem as margens que limitam o fluxo das suas águas é muito bom que nos permitamos um limiar de flexibilidade para que possamos nos manejar dentro destes limites e fluir em harmonia.

Imagine o tremendo e inútil gasto de energia que se faz tentando controlar cada detalhe da sua vida. E, pior ainda, normalmente nestes casos esta atitude se estende para o resto da família, local de trabalho e para o ambiente social.

Ao nos permitirmos "fluir na ordem do Tao", seguir o fluxo do rio sem maiores resistências, respeitando os limites da flexibilidade, aceitando os nossos próprios limites e o dos outros vamos incorporando as novas aquisições do dia-a-dia com serenidade.

Desta maneira, podemos viver de uma forma leve, livre e solta, sem maiores apegos, como eu brinco: "AL VIENTO".

VOCÊ É O SEU ÚNICO LIMITE

Insisto sempre: somos nós que nos permitimos esta atitude, não depende de mais ninguém. E só tem um jeito: fazendo.

Não diga vou tentar. Não precisa. Simplesmente faça. Experimente. E do que não gostar, mude. A vida é sua.

Faz um tanto de tempo que assumi um pensamento e uma atitude que quero compartilhar com vocês:

Comigo as coisas acontecem sempre da melhor maneira. E na hora certa.

E não tenho que me preocupar qual é a melhor maneira. O universo se encarrega.

Não preciso querer controlar o *como*. Pense nisto: quantas vezes já pode ter acontecido com algum de vocês, leitores, perder um emprego, terminar um relacionamento e gerar por isto um grande sofrimento, um drama tremendo. Passado algum tempo, surge uma grande oportunidade de um novo emprego, um novo relacionamento e você vai olhar aquela "perda" como a "melhor coisa que lhe aconteceu na vida", porque se estivesse preso naquela situação não teria nem percebido esta. Assim é a vida.

É muito importante também aceitar que as coisas vão acontecer "*na hora certa*", porque tudo tem o seu tempo de maturação. Normalmente quando queremos alguma coisa, queremos "deste jeito" e queremos "já, neste momento". Brinco com o exemplo do apressado que "ataca" aquela banana que recém começou a amarelar a casca. Ela trava na boca, o gosto é desagradável. Se você dá o tempo adequado, ela vai estar deliciosa... Derrete na sua boca. Estava pronta.

É mais um momento em que *podemos escolher* alinharmo-nos às leis da natureza, que trazem em si a Sabedoria Divina.

Como disse um grande sábio das tradições:

Eu não mando,

porque mandar gera escravos.

Eu não ensino,

porque ensinar gera cópias,

Eu compartilho meu espírito.

Sinto um imenso prazer em compartilhar com você o meu espírito e o meu amor. Obrigado por esta oportunidade.

LUZ, PAZ E AMOR.

Nossas aquisições são um meio de encobrirmos o nosso próprio vazio; nossas mentes são como tambores ressonantes, batidos pelas mãos de cada um que passa e produzindo muito barulho. Esta é a nossa vida, o conflito gerado pelas fugas que nunca satisfazem, e por nossas crescentes misérias.

Krishnamurti

Ao enxergar sob uma luz bem mais abrangente os padrões que condicionam a vida, é possível que não ficássemos tão dispostos a participar de ações que sempre resultaram em sofrimento... Com um entendimento assim, não haveria limites para a nossa visão do ser humano, nem limites para a liberdade humana.

Tarthang Tulku

Há um lugar no ser interior onde sempre se pode permanecer calmo e de lá olhar com equilíbrio e discernimento as perturbações da consciência de superfície e agir sobre ela para mudá-la. Se você puder aprender a viver nesta calma do ser interior, você terá encontrado sua base estável.

Sri-Aurobindo

Bibliografia Consultada

Esclareço que apresento abaixo uma relação de alguns livros que li ao longo da vida que foram marcantes e importantes na conformação do pensamento que busquei transmitir neste livro, que como afirmei no início não se trata de uma revisão bibliográfica.

1. ARORA, Harbans Lal. A Ciência Moderna à Luz do Yoga Milenar. Ed. Nova Era. Rio de Janeiro. 1999.

2. BERGER, Peter e Luckmann. A Construção Social da Realidade 13ª. Ed. Ed. Vozes, Petrópolis. 1985.

3. CAPRA, Fritjof. As Conexões Ocultas. Ed. Cultrix, São Paulo. 2002.

4. _____. O Ponto de Mutação. Ed. Cultrix, São Paulo. 2002.

5. _____. O Tao da Física. Ed. Cultrix, São Paulo.

6. CREMA, Roberto. Antigos e Novos Terapeutas. Ed. Vozes, Petrópolis. 2002.

7. DEL NERO, Henrique Schultzer. O Sítio da Mente. Collegium Cognitio Ltda. São Paulo. 1997.

8. DENNET, Daniel. Tipos de Mente. Ed. Rocco, Rio de Janeiro. 1997.

9. DETHELEFSEN, T e DAHLKE, R. A Doença como Caminho Cultrix, São Paulo. 1983.

10. DIAS DA SILVA, Marco Aurélio. Quem Ama não Adoece. Best Seller, São Paulo. 1994.

11. DICHTWALD, Ken. Corpomente. Summus, São Paulo. 1984.

12. FOUCAULT, Michel, Microfísica do Poder. 18ª. Ed. Edições Graal. Rio de Janeiro. 2003.

13. FOUCAULT, Michel, O Nascimento da Clínica. 6ª. Ed. Forense Universitária, Rio de Janeiro. 2004.

14. GOSWAMI, Amit. O Universo Autoconsciente. 2ª. Ed. Ed. Rosa dos Tempos, Rio de Janeiro. 1998.

15. GRAZIANO, Walter Gustavo. Hitler ganó la Guerra. 1ª. Ed. Debolsillo. Buenos Aires, 2005.

16. HAWKING, Stephen. O Universo numa Casca de Noz. Ed. Mandarim. São Paulo. 2001.

17. KRISHNAMURTI. O Verdadeiro Objetivo da Vida. Ed. Cultrix.

18. LESTA, José y PEDRERO, Miguel. Claves Ocultas Del Poder Mundial. Editorial EDAF, S.A. España. 2006.

19. LEWIS, Spencer. Autodomínio e o Destino com os Ciclos da Vida. Biblioteca Rosacruz, Curitiba. 1987.

20. MAY, Rollo. O Homem a Procura de Si Mesmo. 11ªed. Ed. Vozes, Petrópolis. 1985.

21. MIRANDA, Hermínio C. A Memória e o Tempo 6ª. Ed. Lachâtre, Bragança Paulista. São Paulo. 2003.

22. PARUCKER, Charles (Coord.). O Homem: Alfa e Ômega da Criação – Volumes I, II, II e IV – Relatórios do Depto de Pesquisas da Universidade Rose-Croix – San José – Califórnia, 1976 – 1981. Biblioteca Rosacruz, Curitiba. 1986.

23. PEARSALL, Paul. Memória das Células. Ed. Mercuryo. São Paulo. 1999.

24. SAHTOURIS, Elisabet. A Dança da Terra. Ed. Rosa dos Tempos, Rio de Janeiro. 1998.

25. SHIVAA, Vandana. Monoculturas da Mente. Ed. Gaia. São Paulo. 2002.

26. TRÊS INICIADOS. El Kybalion. Ed. Índigo, Espanha. 2002.

27. TOMPKINS, Peter e BIRD, Christopher. A Vida Secreta das Plantas. Circulo do Livro, São Paulo.

28. THOMPSON, W. I. (org.) Gaia uma Teoria do Conhecimento. 3ª. Ed. Ed. Gaia, São Paulo. 2001.

29. TSÉ, Lao. Tao Te King. 12ª. Ed. Martin Claret Editores, São Paulo.

30. UBALDI, Pietro. A Grande Síntese. 14ª. Ed. Fundação Pietro Ubaldi, Campos-Rio de Janeiro. 1985.

31. _____. A Nova Civilização do Terceiro Milênio. 4ª. Ed. Instituto Pietro Ubaldi, Campos-Rio de Janeiro. 1992.

32. VASILIEV, L. L. Os Misteriosos Fenômenos da Pisque Humana – Ed. Paz e Terra, Rio de Janeiro. 1970.

33. WERNER, Dennis. Pensamentos de Animais e Intelectuais. Editora da UFSC, Florianópolis. 1997.

34. WILBER, Ken. O Paradigma Holográfico. Ed. Cultrix, São Paulo. 1982.